国家出版基金项目
NATIONAL PUBLICATION FOUNDATION

“十三五”国家重点出版物出版规划项目

中国社会科学院世界文明比较研究中心组织编写

青少年世界文明教育文库

汝 信 主编

古代拉美文明

揭开神秘的面纱

Ancient Latin American Civilization

Unveil the Mystery

徐世澄◎著

云南大学出版社
YUNNAN UNIVERSITY PRESS

图书在版编目（CIP）数据

古代拉美文明：揭开神秘的面纱 / 徐世澄 著—昆明：云南大学出版社，2020
（青少年世界文明教育文库 / 汝信 主编）
ISBN 978-7-5482-3939-0

Ⅰ. ①古… Ⅱ. ①徐… Ⅲ. ①文化史—拉丁美洲—古代—青少年读物 Ⅳ. ①K730.03-49

中国版本图书馆CIP数据核字(2020)第000887号

古代拉美文明

揭开神秘的面纱

Ancient Latin American Civilization

Unveil the Mystery

徐世澄◎著

策　　划：王翌沣
责任编辑：王　磊
装帧设计：见　功

出版发行：云南大学出版社
印　　装：昆明理煜印务有限公司
开　　本：787mm × 1092mm　1/16
印　　张：8.25
字　　数：150千
版　　次：2020年12月第1版
印　　次：2020年12月第1次印刷
书　　号：ISBN　978-7-5482-3939-0
定　　价：69.80元

地　　址：云南省昆明市一二一大街182号（云南大学东陆校区英华园内）
邮　　编：650091
电　　话：（0871）65033244　65031071
网　　址：http://www.ynup.com
E-mail：market@ynup.com

主编　汝信

主编简介

汝信，男，教授，汉族，1931年出生，江苏吴江人，1949年毕业于上海圣约翰大学。1956年师从著名学者贺麟先生，攻读黑格尔哲学专业研究生，毕业后留中国社会科学院哲学所从事研究工作。1978年晋升研究员，任哲学所副所长。1981—1982年到美国哈佛大学做访问学者。1982—1998年先后任中国社会科学院副院长，并曾兼任哲学所所长，国务院学位委员会副主任。现任中国社会科学院学部委员、咨询委员会顾问。在国内外学术机构中曾担任的主要职务有：中华全国美学学会会长、中国政治学会会长以及国际哲学与人文科学理事会副主席、东德科学院外籍院士、韩国启明大学名誉哲学博士等。主要从事西方哲学史特别是德国古典哲学、美学的研究。主要著作有《黑格尔范畴论批判》（与姜丕之合著，1961年上海人民出版社）、《西方美学史论丛》及《西方美学史论丛续编》（1963年上海人民出版社）、《西方的哲学和美学》（1978年山西人民出版社）、《美的找寻》（1992年中国社会科学出版社）、《看哪，克尔凯郭尔这个人》（2008年河南大学出版社）、《西方美学史》（2008年中国社会科学出版社）。此外，还有译著多种，并主编《西方著名哲学家评传》（10卷）、《世界文明大系》（12卷）和《当代韩国》（季刊）等。

目 录

MaYa
玛雅

总　序

“青少年世界文明教育文库”开始和读者见面了。由中国社会科学院组织编写，云南大学出版社出版这一套读物的主要目的是向中国当代的年轻朋友们介绍自古至今世界上一些主要文明的历史发展概况，普及不同文明的基本知识。

习近平同志在党的十九大报告中指出:“中国特色社会主义进入了新时代。”在新时代，我国人民正热火朝天地努力建设中国特色社会主义，为实现中华民族伟大复兴的“中国梦”而奋斗着。在全面深化改革和向全世界开放的形势下，增进中国当代的年轻人对世界上各种文明的认识和了解具有十分重要的意义。随着经济全球化趋势的加速进行和科学技术的迅猛发展，世界正变得越来越小，成为名副其实的“地球村”。各个国家都在政治、经济、文化、教育等领域进行着广泛的交流合作，现代信息技术的广泛应用更是把世界的各个角落联结成关系密切、相互依赖的整体，形成了一个庞大的网络。当代社会的快速发展，也产生了一系列全球性的问题，如贫富差距、环境污染等。这些问题都关系各国人民的切身利益，需要人们加强合作，共同协力应对。在这样的国际形势下，开展不同文明之间的对话与交流，增强各国人民和各民族的相互理解和友谊，显得尤为必要。我们希望，这套“青少年世界文明教育文库”能对此有裨益。

近年来，我们对世界文明进行了深入研究，得出几点基本看法，愿与读者朋友们分享。

第一，纵观人类历史，世界上出现的各种文明都是特定的人群在不同的环境和具体历史条件下的活动的创造物，都有其自身的产生和演变的过程，都有其自身的特点和优缺点，在不同的历史时期起着不同的作用。因此，必须充分肯定文明的多样性。一切文明成就都是对全人类文明做出的宝贵贡献，都应得到同样的尊重和承认。各国人民有权自主选择符合自己国情的发展道路，保持自己的传统和价值观，去创造和发展自己的文明。有人抱着“西方中心论”的观点，总以为西方文明天生优越、高人一等，以西方文明的价值和标准去评判其他文明，甚至妄图以此一统天下，这种文化霸权主义是一种完全错误的历史观。

第二，世界文明发展的历史告诉我们，不同文明之间需要经常交流互鉴，乃至相互交融和吸收，一种文明要不断从另一种文明获得和补充营养，取得新的活力，才能茁壮成长。一种文明不管曾经多么辉煌，一旦把自己封闭起来与世隔绝，就会逐渐丧失创新和前进的动力而走向衰落。因此，对文明本身的发展来说，相互间的对话和交流是必不可少的。可是西方却有人宣扬所谓“文明冲突论”，把不同的文明说成彼此无法沟通、相互敌对的力量，断言文明之间的差异必然导致激烈的对抗和冲突，并把其他文明看作对西方文明的威胁。这种错误的理论不仅违反历史事实，而且危害当代世界和平与发展。

第三，面向世界上丰富多样的不同的文明，应如何正确对待呢？我们认为，中国传统哲学所崇尚的“和而不同”的思想，诠释后可以作为处理不同文明相互关系的基本原则。所谓“和而不同”，首先是要充分承认和尊重世界上不同事物的存在，肯定和允许不同文明之间的差异、区别和分歧，求同存异，使它们之间的矛盾和分歧得到调和，避免对抗和冲突，在和平共处的基础上努力促进不同文明间的对话和交流，加深相互理解，互相宽容，平等相待，尊重对方，彼此借鉴，共谋发展，使世界文明更加绚丽多彩。

我们学习和了解世界文明，归根到底是为建设中国特色社会主义文明服务。我们不仅要了解和弘扬中华文明的光辉成就，而且也需要了解关于世界上其他文明的知识，这样才能进行比较研究，通过对话和交流，充分借鉴和吸收世界文明的一切积极成果，使中华文明更加发扬光大。

汝　信

2018年6月8日

前　言

印第安人是古代拉丁美洲（简称拉美）和美洲文明的创造者。介绍古代拉美文明，首先要谈的是其创造者美洲印第安人（土著居民）的起源问题。对于美洲印第安人的起源问题，历来众说纷纭、莫衷一是。随着考古学、人类学等相关学科的发展，如今世界上占上风的看法是：由于迄今为止在美洲没有发现猿人的遗迹，因此，美洲印第安人的祖先不可能起源于当地，而是从其他大陆迁徙过去的；通过DNA的抽样检测分析，排除了美洲印第安人的祖先与非洲人、欧洲人的祖先同宗的可能性，确认了其与亚洲蒙古人种的同一性；冰川时期（公元前7万—公元前1.2万年），亚洲东北部与美洲西北部有陆桥相连。大约在2.1万年前，亚洲人越过陆桥，通过白令海峡，进入北美地区。最早进入美洲的亚洲人是一批猎手，他们追捕猎物时越过陆桥，在北美地区继续追捕，并繁衍生息。他们的后裔追捕猎物时南下墨西哥，而后呈扇形扩散到南美洲。也有部分学者认为，印第安人并非完全属于同一种族，有部分居民可能是从大洋洲地区迁移到南美洲或中美洲地区的。

据估计，在15和16世纪之交，美洲印第安人有1500万—4000万人，语言和方言达1700余种。主要的印第安部族有：加拿大和美国的易洛魁人，墨西哥的萨波特克人、托尔特克人和阿兹特克人，墨西哥南部和中美洲的玛雅人，加勒比海地区的加勒比人，委内瑞拉、哥伦比亚及周围地区的奇布查人，秘鲁、厄瓜多尔和玻利维亚等安第斯高原地区的印加人，阿根廷、巴拉圭的瓜拉尼人，智利的阿拉乌干人，巴西等国亚马孙河流域热带森林和草原地区的阿拉瓦克人、图皮人等。

拉美是世界古文明的重要发祥地之一。美洲印第安人经过漫长的渔猎采集生活，大约在公元前3000年至公元前2000年开始定居于此，并从事农业种植，培植了玉米、马铃薯、番茄、花生、甘薯、向日葵、烟草、可可、龙舌兰、南瓜，以及其他豆类和薯类作物；饲养的家畜、家禽有骆马、羊驼、火鸡等。玉米种植是印第安文明的基础，故印第安文明又称“玉米文明”。印第安人培育的很多农作物后来传到世界各地，为人类物质生活做出了重大贡献。但是，古代美洲印第安人不知道使用铁器、车轮和牛马，这影响了其生产力的提高和发展。在社会组织方面，他们长期处于原始公社制阶段，土地为部落公有，由议事会分配给各氏族和家庭使用；实行集体劳动，产品平均分配。但有的地区达到了较高的社会发展阶段，进入早期的阶级社会。

古代拉丁美洲文明大致可分为三个时期：前古典时期（公元前2000—250年），古典时期（250年—900年），后古典时期（900年—1500年）。至后古典时期，古代拉丁美洲文明发展水平最高的为两大地区：一个在中部美洲，包括今墨西哥、危地马拉、萨尔瓦多、洪都拉斯、伯利兹等国，被称为“中部美洲文明”。在那里最早兴起的是奥尔梅克文明，被认为是中部美洲文明的先驱。其后兴起的有特奥蒂华坎文明、萨波特克文明和托尔特克文明等。另一个在南美安第斯山脉及太平洋沿岸一带，被称为“安第斯文明”。在那里最早出现的是查文文明，其被认为是安第斯文明的起源。其后兴起的有帕拉卡斯文明、纳斯卡文明、莫契卡文明、蒂亚华纳科文明和契姆文明等。在此基础上，最后形成了三个主要文明中心：以现今墨西哥尤卡坦半岛和危地马拉、洪都拉斯为中心的古代玛雅文明；以墨西哥高原盆地为中心的古代阿兹特克文明；分布于秘鲁、厄瓜多尔、玻利维亚广大地区的古代印卡加文明。

奥尔梅克文明是拉美最古老的文明，形成于公元前1200年至公元前100年，是古代拉美印第安文明之母。

玛雅文明最早形成于公元前1000年，其鼎盛时期是3—9世纪。世界其他文明一般都起源于大河流域，唯独玛雅文明诞生于热带丛林之中，让世人惊叹不已。古代玛雅人以其特有的勤劳和智慧，创造出相当发达的农业、数学、历法、天文学和象形文字。在没有金属工具和畜力车辆的帮助下，他们于莽莽的丛林深处建造起宏伟的石砌金字塔、巨型石碑和大量城市建筑。由玛雅人培育的玉米等许多重要农作物，已传播世界、福泽四方，为人类文明发展做出了独特的贡献。

阿兹特克文明形成于14世纪初，1521年为西班牙人所毁灭。阿兹特克人有比较发达的农业，主要作物有玉米、豆类、南瓜、马铃薯、棉花、龙舌兰等。阿兹特克人利用特斯科科湖等湖泊发展人工灌溉系统。在天文历法方面，他们有精确的历法，使用太阳历与圣年历，已知一年为365天，每逢闰年补加一天。医学方面，阿兹特克人会使用各种草药治病，并已会使用土法麻醉。阿兹特克人在音乐、舞蹈和绘画方面达到了相当高的水平，所制作的陶器非常精致，其建筑也达到了相当高的水平。

南美洲的印加文明形成于13世纪，15世纪末为其鼎盛时期。1532年西班牙殖民者入侵印加国，占领首都库斯科；1533年杀害印加王阿塔瓦尔帕，宣布印加国消亡。印加王被认为是太阳之子，国王在政治、宗教和军事上拥有至高无上的权力，其下有贵族、祭司充任各级军政、宗教职务，由此组成严密的行政体系和统治机构。印加社会的基层结构是“艾柳”，相当于氏族公社。古代印加人有发达的农业，培育了玉米、马铃薯等40多种作物。古代印加人在山高谷深、气候干燥的安第斯山区修建了庞大的梯田系统和引水工程；用巨石建成的雄伟的宫殿和城堡，石块之间结合紧密，刀片也难以插入。此外，在冶炼浇铸、纺织制陶、天文历法、外科医术、文学音乐等领域，印加人都取得了杰出的成就。印加人还创造了被称为“基普”的结绳记事法。

长期以来，中外学者关于古代中华文明与古代拉美文明之间的交往问题，一直有两种不同的观点。

主要分歧之一是《梁书》上说的“扶桑国”是不是指墨西哥的问题。1752年，法国汉学家德·吉尼（1721年—1800年）给当时在北京的一名法国传教士宋君荣写信，说他发现中国僧人早在5世纪就到过墨西哥。1761年，吉尼向法国文史学院提交了一份题为“中国人沿美洲海岸航行及居住亚洲极东部的几个民族的研究”的研究报告。在报告中，他根据《梁书》上有关慧深东渡扶桑的记载，率先提出了“中国人最早发现美洲”说，认为慧深于499年所到的“扶桑国”，就是后来的墨西哥。吉尼的报告引用了中国唐代历史学家姚思廉（557年—637年）编撰的《梁书》卷五十四《诸夷传》中有关“扶桑国”的记载：

扶桑国者，齐永元元年，其国有沙门慧深来至荆州，说云：扶桑在大汉国东二万余里，地在中国之东。其土多扶桑木，故以为名。扶桑叶似桐，初生如笋。国人食之。实如梨而赤，绩其皮为布，以为衣，亦以为绵。作板屋，无城郭。有文字，以扶桑皮为纸……国王行，有鼓角导从，其衣色随年改易……有牛角长，以角载物至胜二十斛。车有马车、牛车、鹿车。国人养鹿，如中国畜牛，以乳为酪。有桑梨，经年不坏。多蒲桃。其地无铁，有铜，不贵金银。市无租估。其婚姻，则婿往女家门外作屋，晨夕洒扫。经年而女不悦，即驱之；相悦乃成婚。婚礼大抵与中国同。亲丧七日不食，祖父母丧五日不食；兄弟伯叔姑姊妹三日不食。设灵为神像，朝夕拜奠，不制缞绖。嗣王立，三年不视国事。其俗旧无佛法。宋大明二年，罽宾国尝有比丘五人，游行至其国，流通佛法经像，教令出家，风俗遂改。

“一石激起千层浪”，吉尼的“中国人最早发现美洲”说，在世界上引起强烈反响，反对他的说法的人不少，但支持者也大有人在。关于扶桑国即墨西哥的假说，关于古代中国文明与古代拉美文明之间有没有联系，中外学者一直有争议，至今尚无定论。自1752年起，在长达260多年的时间里，中外学者对这个问题进行了广泛、深入和多视角的探讨，基本上形成了“同源派”和“自我派”两大派别。前者认为古代拉美文明起源于中国文明；后者则认为古代拉美文明和古代中国是各自沿着自己独特的道路发展的。

《梁书》中的“扶桑国”是不是墨西哥？1831年，德国东方学家克拉卜洛特发表文章，认为扶桑国不在美洲，而在日本或萨哈林岛。从19世纪末开始，中国一些学者也参与“扶桑国”问题的争论，先后有章太炎、兴公、陈汉章、陈志良、朱谦之、马南邨（邓拓的笔名）等人撰文或著书支持“扶桑国”即墨西哥之说。然而，西方第一流汉学家希勒格（荷兰）、李约瑟（英国）等和我国著名历史学家、北京大学教授罗荣渠，中国著名考古学家夏鼐等对此提出异议。罗荣渠在《论所谓中国人发现美洲的问题》（载《北京大学学报》1962年第4期）一文中明确反对吉尼的观点，坚信“扶桑国”不是墨西哥。夏鼐支持罗荣渠的观点。

主要分歧之二是关于“殷人东渡”和古代中国文明与古代拉美文明有否交往的问题。最早提出殷人东渡美洲设想的是19世纪英国翻译家梅德赫斯特，他指出，公元前1045年周武王伐商纣王时可能发生殷人渡海逃亡，途中遇到暴风，被吹到美洲。美国学者迈克尔·艿在1968年出版的《美洲的第一个文明》中提出拉文塔出土的奥尔梅克文明在历史上出现的时间，接近中国古代文献中记载的大风暴发生的时间，奥尔梅克文明可能来自殷商。迈克尔·艿在1967年发表一篇论文——《圣洛伦佐与奥尔梅克文明》，他在文中认为，拉文塔的奥尔梅克文明受到很强烈的殷商影响。

在中国，国学大师罗振玉和王国维最早提出殷人东渡美洲的可能性。1940年，陈志良也提出“殷人东渡”说。美国俄克拉荷马中央州立大学教授许辉的《奥尔梅克文明的发现》和中国学者王大有等的《图说美洲图腾》、北京师范大学教授胡春洞的《玛雅文明》进一步阐明了殷人东渡美洲的根据。许辉教授在他的《奥尔梅克文明的发现》中，详细地阐述了殷商文化的衰落与奥尔梅克文明崛起的密切联系。他认为，奥尔梅克文化来源于中国。他在书中指出，考古学家在奥尔梅克文化遗址拉文塔祭祀中心地下发掘出来的大量的玉圭上所刻的铭文，其字体介于大汶口文化陶文和殷墟甲骨文、三代吉金文之间。

秘鲁前外长费尔南多·德特拉塞尼斯从人种、宗教习俗和艺术等角度，详细地论证了秘鲁查文、库皮斯尼克、莫契卡、纳斯卡、契姆和印加文明与中国商、汉、晋、隋、唐、明朝文明之间的联系。

与此同时，不少国内外学者提出了古代拉美文明与古代中国文明各自独立发展的观点。中国学者蒋祖棣在《玛雅与古代中国》（中国社会科学出版社，1993年）一书中认为：“所谓‘殷人东渡’‘扶桑在墨西哥’以及‘跨越太平洋文化关系论’等猜想，在考古学上都是站不住脚的。”“玛雅文明和古代中国文明有各自不同的‘文化重心’，或是这两个古代文明各有自身的特质。这些特质是由它们不同的地理环境、生产和生活方式、技术、社会组织和精神生活等决定的。”“古代中国文明和玛雅文明彼此独立地完成了从农业产生到文明繁盛的整个发展过程。”

古代中国文明与古代拉美文明的交往问题，一直有“同源”说和“独自发展”说两种相左的观点，至今尚无定论。笔者倾向于“独自发展”说，主要理由是：古代拉美文明在孕育、兴起、发展的进程中显示出了与其他文明不同的特色，亚洲形成了“大米文明”，欧洲形成了“小麦文明”，而拉美则形成了“玉米文明”。古代拉美文明中没有佛教、天主教、伊斯兰教的印记，只崇拜自然神，如太阳神、雨神等。古代拉美文明的金字塔顶呈截面形，其上面建有庙宇，与埃及的金字塔和中国古代的祭台不同。除玉米外，古代拉美还独自栽培出了许多农作物，如马铃薯、花生、南瓜、葫芦、辣椒、菜豆、可可、古柯、烟草、鳄梨、菠萝等；古代拉美没有马、牛等大的牲畜，只有骆马、羊驼等较小的牲畜，也没有发明轮子和车；古代拉美没有发明犁，耕地工具是掘土棒。古代拉美乐器中只有管乐器，没有弦乐器。以上这些构成了古代拉美文明的特色，与其他地区的文明有明显的不同。

古代玛雅人留下的宏伟壮观的金字塔、令人费解的象形文字，阿兹特克人创造的精巧绝伦的太阳历，玛雅人和阿兹特克人创作的粗犷洒脱的浮雕、含义深邃的壁画，印加人发明的结绳记事及其所建造的神秘和壮美的“天空之城”马丘比丘，这一切都充分显示了古代拉美人民高超的智慧和创造才能，是拉美人民为世界文明的发展所做出的巨大贡献。本书主要介绍拉美最古老的奥尔梅克文明和辉煌灿烂的古代拉丁美洲三大文明，即玛雅文明、阿兹特克文明和印加文明，为读者揭开古代拉美文明神秘的面纱。

第一章　最古老的拉美文明
——奥尔梅克文明

奥尔梅克文明既是拉丁美洲也是美洲最古老的印第安文明，有“拉美印第安文明之母”之称，形成于公元前1200年至公元前100年，其名称起源于奥尔梅克印第安人。奥尔梅克文明的发祥地位于今墨西哥东南部韦拉克鲁斯州和塔瓦斯科州的多雨沼泽地带，面积约1.8万平方千米。这里常年炎热、多雨和潮湿，橡胶林成片。因此，当地人被称为“奥尔梅克人”，在印第安纳瓦特语中意即“橡胶林区人”。后来，现代学者用“奥尔梅克”一词命名这一地区的文明为奥尔梅克文明。

奥尔梅克文明分布简图

第一节 简史

奥尔梅克文明的主要遗址在塔巴斯哥州的圣洛伦索、拉文塔和韦拉克鲁斯州的特雷斯萨波特斯。

奥尔梅克文明的发展大致可分为三个时期：第一个时期是圣洛伦索时期，约在公元前1200年至公元前900年。圣洛伦索位于今韦拉克鲁斯州，当时这里农业比较发达，人们在海拔50米的丘陵地带种植玉米，人口有1.5万人。人们在这里曾发现了几个巨石头像。主要遗址有圣洛伦索、特诺奇提特兰和波特雷洛努埃沃。第二个时期是拉文塔时期，约在公元前900年至公元前400年。由于河流改道和发生叛乱，人们从圣洛伦索转移到拉文塔地区，使之成为中美洲最早的宗教中心。当时已形成较大的市镇，有宏伟的金字塔式的庙宇、巨大的祭祀广场、玉石雕刻。第三个时期是特雷斯萨波特斯时期，约在公元前400年至公元前100年。

拉文塔位于墨西哥塔巴斯科州的西面，与韦拉克鲁斯州交界处。拉文塔的遗址是在一片像岛一样的高地上，四周是托那拉（Tonalá）河支流形成的沼泽地。拉文塔离墨西哥湾15千米，岛面积5.22平方千米。奥尔梅克人在这里建立了一个宏伟的祭祀中心。拉文塔的主要建筑是金字塔、祭台、石碑和石柱等。这些建筑物对称地排列在南北中轴线旁。由于当地没有岩石，这些建筑物大多是用各种颜色的土建成的，因此，保持至今的只有一个呈不规则圆形的由土堆成的金字塔，以及用产于200多千米外的图斯特拉山的玄武岩制作的石柱和石雕巨型人头。拉文塔毁于公元前600—公元前400年。之后，不少文物被破坏，一些文物被埋在沼泽地深处。1925年，丹麦探险家布罗姆和美国人类学家拉法杰教授在拉文塔发现了一些巨石头像。20世纪40年代，在拉文塔一带发现了大量油田。为了抢救那里的大量文物，1958年，当地一位名叫卡洛斯·佩利塞尔的诗人带头出资，把发掘出来的巨石人头、石碑和石柱、大量的玉器和陶器等文物运到距拉文塔200多千米处的塔巴斯科州州府比利亚埃尔莫萨市专门建造的拉文塔遗址公园里。

现在，在原拉文塔遗址，我们所能见到的只是拉文塔的那个岛，即祭祀中心的土台。昔日的古都拉文塔已被油田和茅草覆盖。在比利亚埃尔莫萨市拉文塔遗址公园里，营造了拉文塔所处的热带雨林环境，公园里错落有致地按逆时针方向摆放了30多件文物，其中有3尊巨石人头、4座祭台等。

拉文塔遗址公园

一、奥尔梅克文明的来源

有些学者认为奥尔梅克文化是土生土长的，另一些学者则认为其来源于中国。如美国得克萨斯基督教大学的华人教授许辉认为奥尔梅克文化起源于中国商代（参见许辉著《奥尔梅克的发现》）。关于奥尔梅克文明遗址所发现的巨石人头像，有些学者认为是“典型的中国山东大汉面型”（参见冯翔、李达著《中国人发现美洲》），也有人认为这些巨石人头像像非洲人。2001年在中华世纪坛“神秘的玛雅墨西哥古代文明”展览上展出了在拉文塔出土的第四号供品，即16个奥尔梅克人和6块玉圭。有人认为，玉圭上记载了《诗经》里“天命玄鸟，降尔生商”等一系列传说（见《北京晚报》2001年5月30日，第33版）。

二、奥尔梅克文明的发现

奥尔梅克文明在销声匿迹了3000多年后，直到10世纪中期才被重新发现。1850年，韦拉克鲁斯州一些甘蔗园工人在圣马丁挖井时，发现了一尊高1.8米的巨型人头石雕，后石雕被运到圣安德烈斯陈列展览。1862年，一位名叫美格的游客看到一尊脸像非洲人的大头石像，他报告了墨西哥地理和人口普查委员会，但并没有引起应有的重视。直到1905年德国考古学家塞勒在墨西哥仔细考察了巨石人头像，并向全世界作了报道，才引起人们的兴趣。1907年，美国史密斯博物馆的赫姆斯向外界展示了一件在韦拉克鲁斯州出土的一个玉制人雕，上面刻有纹饰。1925年，丹麦探险家布罗姆和美国人类学家拉法杰在墨西哥拉文塔发现了大头石像和大型石雕，引起了考古学家对拉文塔这一神秘的地方的注意。1927年，德国考古学家贝耶提议将在墨西哥南部发现的这一文明命名为奥尔梅克文明，得到了其他考古学家的响应。1938年及随后，墨西哥考古学家古兹曼、卡索、库瓦鲁比亚斯等先后在这一地区发现了更多的文物，进一步确认了奥尔梅克文明的存在。

在奥尔梅克文明的第三个时期特雷斯萨波特斯时期，出现了最早的美洲碑铭文字和日历。特雷斯萨波特斯位于今韦拉克鲁斯州圣地亚哥图斯特拉市，

奥尔梅克巨型人头石雕像

属于帕帕洛阿潘河流域。

由这三个时期发展起来的奥尔梅克文明呈现出一些引人注目的特点。

第二节　经济与社会

一、经济

由于生活的地区土壤肥沃，雨量充沛，奥尔梅克人已开始放弃以采集和狩猎为主的生活方式，过渡到以耕种作物为食物主要来源的阶段。种植的作物有玉米、南瓜和昆诺阿藜（藜麦）等，其中玉米是其主要种植作物。种植方式以刀耕火种为主。据考证，奥尔梅克人可能是最早种植玉米的人。后来，玛雅人继续发展和提高了奥尔梅克人的玉米种植技术，使得玉米这种原来生长在河谷中的野生植物经过培育，变成了既甜美又富营养的粮食。奥尔梅克人的主食除了玉米外，还有一些肉食。从考古发掘出土的遗骨验证，奥尔梅克人大多食用家犬和火鸡，同时也食用野鹿和鱼、鳖。

二、社会

奥尔梅克人建筑和艺术的辉煌成就表明，他们已经度过了部落时代并已进入阶级社会，已经有了阶级分化，形成了国家组织的雏形。统治者已开始控制民众的剩余劳动，并且已能利用剩余物资役使、供养一批匠人。从一些石刻以及石碑上的人像可以看出：有的人像服饰华丽，手持权杖，指上戴有护节器（用以握拳时增强打击力）。这些人无疑是握有权势的人物，很可能是国王或祭司，而搬运巨石等极其艰巨的任务是由下层民众承担的。巨石运到目的地后，再由工匠将之雕刻成形。由此可见，奥尔梅克人中已出现了等级和社会分工，已有国王、祭司（国王、祭司往往是同一个人）、农民和手工艺人。

第三节　建筑

奥尔梅克人在建筑艺术上也表现出高超的智慧和创造力。由于生活的地方洪涝灾害多发，为防水淹，他们不得不挖土筑墩，建房于土墩之上。考古发掘出两种土墩：一种呈圆形或方形，面积不大，往往数座土墩聚集在一处；另一种为长堤状，长达 30 米。前者无疑是民居遗址，后者根据长堤下方出土的大量石片、石斧等石器判断，当为工匠集体劳动的工棚遗址。奥尔梅克人的建筑物均为泥垒土砌而成，就连祭祀中心的底座高台也是土垒的，如拉文塔的祭祀台呈圆形，高 30 米，底座直径 128 米，坐落在一广场南端，用土 10 万立方米，面积为 5 平方千米。在这个高大的土台上矗立着一座座神庙或祭台，在约 10 层楼高的塔状高台顶端雄踞着一座壮丽的神殿。从远处观看，整个建筑看起来像座金字塔。奥尔梅克文明这一拉美最富有特色的神庙形式的建筑风格后来为玛雅人和阿兹特克人所继承。

第四节　文化艺术

一、巨型人头石雕像

奥尔梅克文明最大的特点是巨型人头石雕像。总共出土了 17 尊头像，其中在圣洛伦索出土 10 尊，拉文塔 4 尊，特雷斯萨波特斯 2 尊，兰乔拉科尔巴塔 1 尊。最大的一尊石雕头像是一个青年的头面雕像，高 3.05 米 ，重达 30 吨，形象十分生动。人像都是厚嘴唇，扁平的鼻子，凝视的眼睛，头戴奇特的、装饰有花纹的头盔。一般认为，这些人像的原型应当是奥尔梅克的国王。在玄武岩上雕出这些巨大的人头像，显示了奥尔梅克人高超的技术和艺术水平。

二、奥尔梅克巨石头像

奥尔梅克巨石头像引起了人们的极大关注，这些巨石人头像至今仍是一个谜。人们不禁要问：为什么只有头，而没有身子？这些巨石人头像是如何和在何处雕刻的？它们代表什么人？它们是如何被搬运到拉文塔等处的？这些问题有待考古学家进一步探索。石雕像的原料是玄武岩，而奥尔梅克人居住的地区没有岩石，岩石应是从上百千米远的图斯特拉山上采集的。要从远处搬运数十吨重的石头，需要动用众多的劳力。奥尔梅克巨石头像是奥尔梅克文化中闻名于世的艺术品，这些头像由整块巨石雕成，构思完善，具有强烈的写实性。

三、石雕和玉雕

奥尔梅克人具有高超的艺术技巧，这尤其突出地体现在他们的石雕和玉雕作品、制陶工艺上。除巨石头像外，最引人注目的发现当属一座奥尔梅克大庙基座和两个奥尔梅克石雕。残留的大庙基座用石灰岩石板建成，大致还能看出金字塔的形状。而两个石雕上刻的则是奥尔梅克时期的神职人员，这些人厚嘴唇、塌鼻子，头上戴有露出利齿的美洲豹面具。美洲豹是奥尔梅克时期人们敬重的神明。

奥尔梅克文明也有大量的小雕像，尤其是翡翠碧玉雕刻的人像、美洲豹神像和玉佩饰物等十分精美。除了雕刻出巨型石像外，奥尔梅克人还用翡翠绿玉或黑玉雕出许多小型的人像、动物形象或别的一些小雕像。奥尔梅克人喜欢用翡翠绿玉制作各种珍贵的宗教礼仪用具和装饰品，这是奥尔梅克文明的一大特色。在奥尔梅克人看来，最为贵重的物品是玉石。奥尔梅克人雕刻出来的小型玉制的面具、玉人、玉圭、玉佩等玉器晶莹圆润、玲珑可爱。玉石人像以裸体直立的站姿和五官俱全的面具最多，有的小人像胸前还缀有一面用黑曜石凿成的镜类饰物，即使在3000多年后的今天仍然闪闪发光。最令人注目的是作为宗教礼仪用具的一批灰白、墨绿或碧绿色的石手斧，这种手斧表面极其光滑。在玉雕作品中，最常见的是一种带有美洲豹头部特征的神像。该神像是人的身形（有时故意表现为小孩的身形），学者们称之为“豹人”或“豹娃”。美洲豹是奥尔梅克人崇拜的主要天神的象征，因此这个神的形象往往兼具人和豹的特点。奥尔梅克人的这些艺术品反映了他们独特的宗教信仰，成为奥尔梅克艺术的象征，他们的石雕和玉雕艺术为后来的玛雅人所继承。在玛雅文明时期，玉石制品和玉石雕像遍及整个玛雅地区。

在奥尔梅克文明早期，奥尔梅克人还制作陶器。他们制作的陶器以灰黄色粗砂陶为主，均为手制，器形较厚，表面一般没有什么装饰。大约到了公元前 1000 年至公元前 800 年，制陶技术大有进步，制作出黑色陶器。这种黑色陶器以钵形器和壶形器为主，器壁仍然较厚，表面先经磨光，然后刻出富有代表性的花纹。

四、文字和历法

部分学者将拉文塔出土的一些雕刻图案认读为奥尔梅克人的文字，认为奥尔梅克人已经有了象形文字，与玛雅文字有相似之处，但也有明显的差异。目前，其构成体系、具体的语言特征还是未解之谜。奥尔梅克人不仅有丰富的社会生活、精湛的雕刻技艺，而且以得了一定的文化成就。1939 年 1 月 16 日，在特雷斯萨波特斯出土了一块石碑，石碑的正面刻有“点”“横”组成的数字，竖行排列，经破译，其意为“公元前 31 年”。石碑的背面刻有美洲豹的形象。这一石碑的发现向人们昭示了这样一个信息：奥尔梅克人是中美洲文明发展进程中创造文字和历法的始祖。

第五节　宗教

美洲豹神是奥尔梅克人的最高神，美洲豹是力量和智慧的象征。此外，有羽蛇神、谷神、地神和火神。奥尔梅克人用活人特别是用儿童献祭，以祈求风调雨顺和好收成。

奥尔梅克文明最终在公元前 400 年左右消失，其消失的原因尚不得知。奥尔梅克文明对其他中美洲文明产生了深刻的影响。奥尔梅克文明的许多特征，如金字塔和宫殿建造、玉器雕琢、美洲豹和羽蛇神崇拜也是后来中美洲各文明的共同元素。大多数学者认为奥尔梅克文明是玛雅、托尔特克等文明之母。但也有人认为奥尔梅克文明和其他中美洲文明的关系是姐妹关系。有些中外学者认为，奥尔梅克文明的兴起与我国殷商末年东渡的中国人有关，他们指出奥尔梅克艺术风格和中国殷商时代艺术惊人的相像。他们认为奥尔梅克拉文塔发现的玉圭上的文字符号与中国的甲骨文字十分相似。

第二章　神秘的玛雅文明

玛雅文明为古代玛雅人所创造的印第安文明，是中部美洲印第安古文明的杰出代表，是古代拉丁美洲的三大文明之一，是世界著名的古代文明之一，也是唯一诞生在热带丛林而非大河流域的文明。

第一节　简史

玛雅文明分布简图

玛雅文明孕育、兴起和发展于今墨西哥南部塔巴斯科州和恰帕斯州、尤卡坦半岛上属于墨西哥的尤卡坦州、坎佩切州和金塔纳罗奥州，以及地处尤卡坦半岛的中美洲国家危地马拉的大部分地区、洪都拉斯西部地区、伯利兹和萨尔瓦多部分地区，总面积约 32.4 万平方千米。

玛雅文明一般可分为前古典期（早期，约前 1000 年—300 年）、古典期（中期，即鼎盛期，300 年—900 年）和后古典期（后期，900 年—1541 年）。

大约自公元前 1000 多年起，古代玛雅人已经开始生活在上述地区了。公元初期，在尤卡坦半岛南部即今危地马拉佩滕湖畔的热带雨林区，古代玛雅人兴建了第一批“城邦”。这些城邦实际是早期的祭祀中心。3 世纪以前的时期，被认为是玛雅文明的前古典期（早期），早期阶段的玛雅文明同时兴起于太平洋沿岸、高原地带和中部低地。

当时，社会开始出现分化，出现了阶级以及阶级剥削和压迫，生产力不断发展，物资逐渐丰富，出现了远距离贸易，社会成员内部之间联系密切，与外界接触加强。太平洋沿岸和高原地带具有特色的文化反映在大型石碑上，石碑上雕刻有历代统治者的形象、在位时间和用于说明历史事件的一些象形文字。中部低地具有特色的文化反映在大型石料建筑物如金字塔、大型石铺广场和堤道上。

早期玛雅文明的主要特点是在出现的城市广场上建立了许多大型的石碑，石碑上雕刻有历朝历代统治者的形象。约 1 世纪至 2 世纪时出现了象形文字，因此石碑上就有了记述统治者历史的文字。此外，城市里还出现了大型石料建筑物（如金字塔和城市的卫城）。大型石铺广场和堤道反映了这个时候的建筑已有了一定的规模和水平。前古典时期的文明中心在中美洲的纳克贝和埃尔·米拉多尔。

蒂卡尔

从 3 世纪至 9 世纪，玛雅文明进入鼎盛期，建立了 60 多个独立的城邦，还有数百个小型市镇和村落，使用统一的象形文字和历法，文明发展中心集中在今危地马拉的蒂卡尔和今洪都拉斯西部与危地马拉交界处的科潘。蒂卡尔当时约有居民 4 万人。435 年蒂卡尔开始建城，5 至9 世纪处于全盛时期，成为当时的科学文化和宗教活动中心。此外，还有今墨西哥的帕伦克和博纳帕克。到 9 世纪，中美洲玛雅古典文明中心开始衰落。

科潘

帕伦克

博纳帕克

玛雅人有立柱记事的习俗，一般是每隔 20 年建一座石柱碑。8 世纪末，这些城邦突然衰落，立柱记事由此中断。这一时期的文化特征主要反映在建筑、雕刻和绘画上。

8 世纪末，玛雅文明中心移向尤卡坦半岛北部，与入侵的托尔特克人的文化相融合，先后兴起了埃尔塔兴、奇钦·伊察、乌斯马尔和玛雅潘等城邦，使玛雅文明重新繁荣起来，玛雅文明发展到了一个新的高度，进入了第二个发展时期，即后古典期。1450 年，各城邦间发生混战，玛雅文明再度走向衰落。最后一块石柱碑立于 1516 年。欧洲殖民者入侵前，玛雅文明已向阶级社会过渡，氏族社会内部出现了世袭的贵族和僧侣，使用奴隶劳动，公社社员也须为贵族耕种土地和缴纳赋税。在融合的基础上，玛雅文明后古典时期的文化特征是除了继承南部玛雅文明的文化遗产外，还建立了许多比以前更大和更雄伟的神庙和大型金字

埃尔塔兴

奇钦·伊察

乌斯马尔

玛雅潘

塔。此外，天文和历法也得到了长足的发展。

1502 年，哥伦布第四次也是最后一次航行美洲时，曾在玛雅人居住的地域与一艘经商的玛雅人独木舟相遇。1519 年，西班牙征服者埃尔南·科尔特斯率领载有 500 人的 11 条船在科苏梅尔岛靠岸停泊，他们捣毁了玛雅神庙里的神像，竖起了天主教的十字架。1525 年，科尔特斯又率领 140 多名西班牙人（其中 93 人骑马）和 3000 多名被他征服和收买的印第安人重返玛雅地域。尽管西班牙征服者拥有先进的枪、炮和马，而玛雅人只有尖木棍，西班牙殖民者对玛雅人进行了惨无人道的杀戮，但还是遭到了玛雅人顽强的抵抗，殖民者并没能轻易地征服玛雅人。

玛雅文明到后古典时期的后期迅速衰落，城市大都被遗弃。16 世纪西班牙殖民者入侵时，尤卡坦半岛上的玛雅城邦已呈现出支离破碎、衰微破败的景象。西班牙殖民者的入侵使脆弱的玛雅文明遭到严重的摧残。

关于玛雅文明迅速衰落的原因，有多种说法。有的人认为，是由于外敌的入侵；有的人认为是由于内乱；有的人认为是由于瘟疫流行；有的人认为是由于干旱、地震等自然灾害；更多的人认为是由于生态环境恶化、生活资源枯竭、民众食不果腹。有学者认为，当时玛雅人主要的作物是玉米，由于森林被大量砍伐，热带雨林地区土壤侵蚀和流失严重，导致农产品产量下降，威胁玛雅人的生存，进而导致人口锐减，城市逐渐变成废墟，整个丛林只剩下少数的幸存者，玛雅文明逐步消失。

第二节　社会组织与政治体制

玛雅人并没有成立一个一统天下的“帝国”，只是建立了一批大大小小的城邦国家以及贸易中心。玛雅文明的早期阶段围绕祭祀中心形成居民点，古典期形成城邦国家，各城邦均有自己的王朝。玛雅人的社会组织以家庭为基础，家庭是玛雅社会的核心。虽然实行夫权制，但母亲或年长的妇女在家庭中仍有一定的地位。若干血亲家族组成氏族。社会的基层组织是氏族公社。

玛雅社会的中心是城市。玛雅社会是一个阶级社会，社会的统治阶级是国王、贵族和祭司，国王为世袭，掌管宗教礼仪、规定农事日期。整个社会呈金字塔形，塔尖是国王及其家属，上层是祭司、军事首领、政府高官、大商人。中间的中等阶级是官吏、武士、商人和工匠等。社会的底层是平民阶级，包括仆佣、背夫和农民。社会最下层的是奴隶，他们一般来自战俘、罪犯和负债者，可以被自由买卖。

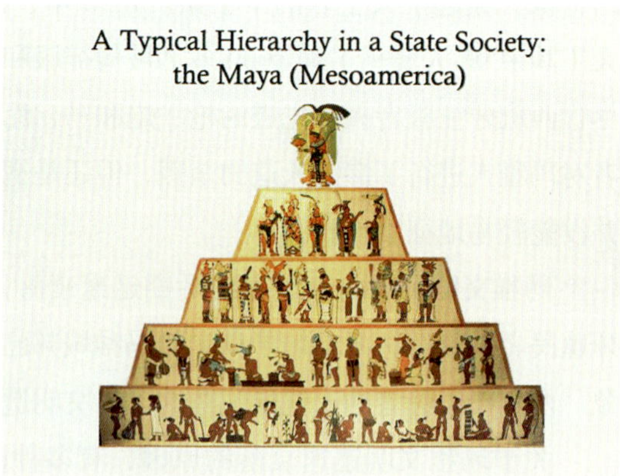

玛雅社会的金字塔

玛雅诸邦在社会发展上与古代世界的初级奴隶制国家相近，一般是比较大的城邦控制周围比较小的城邦和乡村，但各城邦是独立的。有历史学家认为，在后古典期，奇钦·伊察、乌斯马尔和玛雅潘这三个城邦曾组成联邦，但时间不长，后来相互之间发生战争。

第三节　宗教与神话

一、玛雅人的崇拜

最初的玛雅人的宗教可能只是简单的自然崇拜，他们将影响生存的自然力量如太阳、月亮、雨水、打雷、闪电、飓风、山川、森林、河流等人格化。到了3—4世纪，玛雅人的宗教越来越复杂化和抽象化。

玛雅人信奉多神教，他们崇拜跟天空相关的天神伊察姆纳、创世神胡纳伯·库、太阳神基尼切·阿安和月亮神伊斯切尔，跟自然界相关的雨神恰克、风神乌拉坎，跟农业相关的玉米神尤姆·卡希，跟日常生活相关的死神阿·普切、战神艾克·丘阿和羽蛇神克查尔科阿特尔，又称库库尔坎等。有考古学家说玛雅人崇拜的神有160个，也有人说玛雅人的偶像有10万个以上。太阳神居于诸神之上，被尊为上帝的化身。另外，行祖先崇拜，相信灵魂不灭。玛雅城邦兼管宗教事务，首都即宗教中心。

羽蛇神是玛雅人心目中能带来雨水，与播种、收获、五谷丰登有关的神。中美洲各民族普遍信奉羽蛇神。

羽蛇神与雨季同来，而雨季又与玛雅人种玉米的时间相重合。因而，羽蛇神又成为玛雅农民最为崇敬的神。在现今保存较完好、最大的玛雅古城奇

羽蛇神（头部）之一

羽蛇神之二

羽蛇神之三

钦·伊察中，有一座以羽蛇神库库尔坎命名的金字塔。在金字塔的北面梯道两底角雕刻有两个蛇头，蛇头张口吐舌，形象逼真。每年春分、秋分两天，太阳落山时，可以看到蛇头投射在地上的影子与许多个三角形连套在一起，组成一条动感十足的飞蛇，象征着在这两天羽蛇神降临和飞升。当地年，玛雅人借助这种将天文学与建筑工艺精湛地融合在一起的直观景致，准确把握农时也准确地把握崇拜羽蛇神的时机。

羽蛇神的形象还可以在玛雅遗址博纳帕克的壁画中看到。羽蛇，一种会飞的蛇的形象，或者说是图腾。羽蛇神是墨西哥古代印第安人崇拜的神，掌管雨水和丰收。羽蛇神头部的造型和我国的龙非常相像，而且，羽蛇神和中国龙崇拜都与祈雨有关。因此，墨西哥和我国的一些学者认为墨西哥印第安人的祖先可能来自中国，中墨两国古代文明可能有某种联系。

早在公元前 400 年左右，玛雅人就认为世界经历了几个时代，每个时代皆因洪水泛滥而结束，今世亦将如此。他们认为，起初世界处于黑暗之中，随后神创造了日月，用泥土造人。他们认为世界共有十三重天与九层地狱，地依存于巨鳄背上。时间是玛雅人宇宙观的一个重要的组成部分，他们认为时间就是神。

对于人死后之事，看法因地区而异。尤卡坦等地的奎克人认为人死后将下到九层地狱，而拉堪顿斯人相信人死后可永远生活在地球上一个无忧无虑的富足之处。

玛雅人的祭祀活动择吉日举行，礼仪隆重，献祭者要先禁食禁欲。通常的礼仪是焚香、献巴克（用蜂蜜与一种树皮酿制的饮料）、耳舌放血、献祭动物及献舞。活人献祭到后期才盛行。祭司为世袭，居住在祭祀中心，管理献祭、解释经书和预测未来等。玛雅宗教的体制、仪式与组织相当完备，并有复杂的神学体系。宗教渗透到整个社会与政治生活中，支配着玛雅文明的各个方面。16 世纪 20 年代西班牙入侵之后，天主教的礼仪、信仰与传统的玛雅宗教融为一体。

二、玛雅人关于创世的神话

玛雅人关于创世的神话各个地区和各个时期不尽相同，但所有的神话故事都认为有过多次创世。创造神每次都力图创造出一个完美的世界，而当他们的努力失败时，就用洪水冲毁已做出的一切，再重新开始创造。

玛雅人的圣书——《波波尔·乌》。1544 年，玛雅人将他们的神话故事写入一部被誉为是玛雅人的史诗、圣书的《波波尔·乌》书中。“波波尔·乌”在玛雅基切语中意为“议事之书”。《波波尔·乌》表现了玛雅人对大自然、对人类命运的乐观态度。全书分成三部分。第一部分讲述世界的创造和人类的起源。第二部分讲述玛雅基切部落的神话人物和英雄的历险故事。第三部分讲述基切民族的由来、各部落的名称、历代基切统治者的系谱等。此书的两位主角是玛雅双胞胎英雄乌纳普和斯巴兰克。

《波波尔·乌》最著名且最完整的手稿是用拉丁文拼写的基切语写成的，原作者是玛雅基切人，姓名不详。西班牙人在征服危地马拉之后，禁止当地人使用玛雅文字，并开始教授西班牙语。但一些玛雅的祭司和书记仍偷偷地以玛雅文字抄写一些古老典籍，其中《波波尔·乌》的手抄本于 1702 年为一位神父弗朗西斯科·希门内斯在危地马拉一个小镇奇奇卡斯德南哥的修道院所发现。希门内斯并没有将之烧毁，而是将它抄写下来，又将之翻译成西班牙文。希门内斯的手抄本与翻译本一直被世人遗忘在危地马拉市圣卡洛斯图书馆的一处角落，直到 1854 年才被发现并出版。

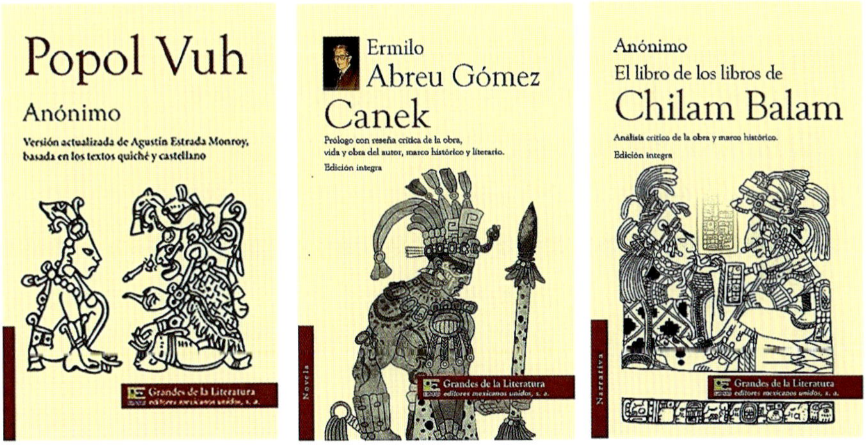

《波波尔·乌》

第四节 经济生活

玛雅人以农业为生，在沼泽地挖渠排水，修建台田、渠田，种植玉米、白薯、木薯、菜豆、西红柿、可可豆、辣椒、南瓜、木瓜、鳄梨和棉花等多种作物。玛雅人是玉米、棉花、西红柿、可可等农作物最早的培育者之一，为人类做出了宝贵贡献。玉米是玛雅人的主要粮食。他们的主要生产工具是尖头木棒和石器。早期玛雅人使用刀耕火种方法，没有完全跨过新石器时代。但后来玛雅人已采用了相对集约的生产方式。玛雅人还兴修水利，在山坡上开辟梯田，在低洼、沼泽地修筑台田。他们还掌握了饲养火鸡、狗和蜜蜂的技术，学会用龙舌兰纤维和木棉织布。玛雅人的土地归村社所有，每家都有一块土地，定期轮换。集体主要从事打猎和捕鱼。

古代玛雅人不会炼铁，不曾制造车轮，也不会饲养牛、马等大牲畜。直至10世纪前，玛雅人的主要工具还只是石器。此后，铜器逐渐多了起来。石器主要是用燧石和黑曜石制造的。随着生产力的发展，开始分离出石匠和玉匠。随着物资交换需要的增加，出现了商人。

玛雅地区各城邦独立发展，政治上并没有形成一体，但经济上互相有联系并且出现了生产的分工。经济联系的主要方式是贸易，特别是远距离贸易。贸易分为三种：一是地方集市贸易，即以各城邦为中心的集市；二是区内贸易，即玛雅地区内各城邦之间的贸易；三为区际贸易，即在西北方向同今墨西哥其他地区，在东南方向同今中美洲甚至南美洲的贸易。玛雅地区形成了一个贸易网。贸易交换的货物有两大类：一类是日常生活和生产用品；另一类是非实用品，如琥珀、玉石、贝壳、豹皮、羽毛、朱砂等，主要用于制造神像、祭祀和制作权贵穿戴的服饰。

第五节　文化成就

玛雅文明的文化成就主要体现在建筑、雕刻、绘画、数学、天文、历法和文字等方面。

一、建筑

玛雅文明标志性的建筑是金字塔。古代玛雅人修建了不少金字塔。在没有金属工具、没有大牲畜和轮车的情况下，古代玛雅人却能够开采大量重达数十吨的石头，并一路跋山涉水，一路艰辛地将其运到目的地，建成一座座雄伟的金字塔。最高的金字塔可达 70 米，其规模之宏伟、施工难度之大，令人吃惊。

古代玛雅的金字塔和古埃及的金字塔在建筑形式上有着明显的不同。古埃及的金字塔几乎全是方基尖顶的方锥形，而玛雅金字塔却是平顶，塔体呈方形，底大顶小，层层叠叠，塔顶的台上还建有庙宇。玛雅金字塔采用梯形结构，造型美观，雕饰富丽。玛雅人在金字塔的阶梯、坛庙的门楣、石柱上均雕刻有精美的浮雕。玛雅金字塔的每个侧面不是三角形，而是梯形，它的下部为阶梯，上部是平台。在塔身的设计上采用了裙式结构，它的作用有三：一是可以加固塔身；二是可以使塔的坡度更为陡直；三是可以增加建筑的美感。

玛雅金字塔

两者在用途上也不一样：古埃及金字塔是法老的陵墓，而玛雅人的金字塔除个别外，一般是用作祭祀神明的祭坛或用来观察天象的，而不是陵墓。然而帕伦克的金字塔却是一个例外，它是约公元前 700 年时帕伦克统治者帕卡尔（603 年—683 年）的陵墓。据说，这座金字塔是帕卡尔出生后不久就开始建造的，历时几十年，全部用巨石建造，在帕卡尔 76 岁去世时才建成。要进入这座墓室，必须拾级登上金字塔，进入铭文神殿，然后沿着螺旋形的石台阶才能下到墓室。据考古学家分析，这座陵墓可能还有正门，但因金字塔是巨石砌成的，发掘时不想损坏金字塔而放弃了寻找。墓室的平面顶作为假拱，全用石条砌成，高 7 米，长 9 米，最宽处为 4 米。

玛雅金字塔数量惊人，造型各异，大致分为四类：（1）平顶金字塔，上建庙宇，这种类型最为常见，可视为玛雅金字塔的基本形态；（2）尖顶金字塔，仅见于蒂卡尔，其顶上的美洲豹庙很小，只能看成塔尖；（3）壁龛式金字塔，塔基呈方形，分多层，塔身雕凿数百个方形壁龛；（4）陵墓式金字塔，即帕伦克的金字塔，是玛雅人首领帕卡尔的陵墓，他的尸体停放在塔身深处一个巨大的拱顶密室中。

除金字塔外，玛雅人还兴建了不少功能性强、技艺高超的民用建筑，主要有房屋（包括庙宇、府邸、民居等），公共设施（球场、广场、集市等），基础设施（桥梁、大道、码头、堤坝、护墙等）和水利工程（水渠、水库、水井、梯田）等。

玛雅建筑风格不同于希腊、罗马和哥特式建筑，它虽然具有地域特色，但基本上风格统一。

二、雕刻

玛雅人也是雕刻的能工巧匠。玛雅人没有发明金属工具，但他们能用黑曜石加工出燧石工具。燧石工具能凿开坚硬的岩石和雕刻玉石。

按照使用的材料分，玛雅雕刻分为石刻、木刻、贝雕、玉雕、骨雕和泥雕。石刻大体上有两种：一种是独立石刻，如石柱、石碑和石座；另一种是房屋和其他建筑物上的饰刻，如门楣、墙壁内外、门窗侧壁、台阶和房顶上的雕刻以及庙宇上的雕刻等。雕刻的主体是神像、人像或兽形，在空白处填满饰物和铭文。铭文记载雕刻或竖碑的日期，最高统治者出生、结婚、即位和去世的

玛雅纪年碑

日期及其家族世系，重大历史事件和祭祀典礼等。木刻多用在房屋建筑上，府邸的门楣、房梁上均有雕刻。另有一种小型木刻，多为神像，用以祭祀。泥雕多用于房屋建筑和墓穴中，用灰泥在墙壁上制成浮雕，内容有人、飞禽走兽和蛇，还有铭文。

雕刻是玛雅艺术的重要形式，以纪年碑和神庙的装饰雕刻最为著名。大约从300年起，玛雅文明进入了被称为古典期的鼎盛时期，如雨后春笋般的纪年碑和神庙就是在此期间建立起来的。玛雅人十分重视历史，一些城邦每隔20年（有时是5年或10年）就在城邦内树立一块石碑，现已发现的石碑有几百块，散布于各个城市遗址。石碑上面刻着象形文字、人物浮雕或花纹。由于这些象形文字的主要用途是纪年记事，不同于其他民族遗留下的石碑以铭刻戒律、经文或对首领人物的颂辞为主，具有自己的特色，因此以这些石碑叫“纪年碑”，据其形状又被称为“纪年柱”。玛雅人立柱记史的传统延续了1200多年，后因西班牙殖民者入侵而中断。由于有了纪年碑，玛雅文明成了美洲古代历史上唯一有明确纪年可为依据的文明。

这些纪年碑体现了玛雅雕刻的高超工艺。科班纪年碑，其正面雕刻披挂齐全、盛装华服的国王形象，整个纪年碑高达3.5米，国王的头部、手足都要比常人大一倍多。其衣着头饰虽然繁杂，但线条与变化多端的图样却很优美，而且那些夹杂其间的羽蛇神、小神灵的雕像更不乏鲜活跃动的自由自在，所以整个纪年碑的雕刻看起来在宏伟精美之余，不失生动与丰富。

三、绘画

玛雅人的绘画多为用来装饰房屋墙壁的壁画，也见诸陶器及古书抄本，使用的颜色多种多样，红、黄、蓝、白、黑、灰、棕等各色均有。其绘画的手法以写实为主，内容丰富多彩，有神话故事、祭祀典礼、战争场景、海边渔村生活情景、审讯战俘、迎接宾客、象形文字等。

这里重点介绍一幅 1946 年在今墨西哥东南部恰帕斯州波南帕克市发现的约 800 年的古代玛雅著名壁画《凯旋图》。这幅画可以说是古代世界壁画艺术的珍贵宝藏，在它被发现之前，玛雅古典时期壁画出土过一些残片，不仅破损严重，而且质量也不太高，没有引起人们的足够重视，这幅壁画被发现后，人们才惊叹于玛雅壁画超凡的艺术魅力。

该壁画全部作于一座较简单的三厅神庙之内。在高约 7 米，周长 16 米多的神庙中，壁画铺满了所有墙面。它表现了一次从准备到完成、从战争到酒宴的国家盛典。壁画描绘了一个社会生活中最为触目惊心的场景：国王和贵族在审判和屠杀俘虏。画面的最下一列是举着枪矛和各种族徽、图腾等前来观看、庆祝这场血腥的审判的本邦人，中间一列是那些命在旦夕、正待处决的俘虏，壁画最上层站着一批威风凛凛的人物，即小邦之王和贵族头领。这幅壁画的原意是为了突出本邦的国王贵族，为他们唱赞歌，但在艺术家笔下，壁画中所有人物都受到了重视，无论是趾高气扬的城邦显贵、摇旗呐喊的臣民，或是鲜血淋漓的阶下死囚，艺术家都用同样高水平的艺术表现力塑造他们、刻画他们。

台阶顶上的国王衣着雍容华丽，右手持长矛，头戴羽冠，身着虎皮甲胄，威严无比、盛气凌人；在他对面，左边一排站着四位贵族，他们头戴象征部落图腾的各种奇形怪状的兽头盔，身披虎皮战袍和绣有象形文字的衣衫，还有玉

波南帕克壁画之一

波南帕克壁画之二

佩、玉饰、羽毛工艺品挂满全身。而台阶下正待处决的俘虏死囚是些赤身裸体的可怜人，与雍容威严的贵族形成了鲜明的对比，这幅壁画展现了玛雅写实艺术的极深功力。

波南帕克画庙三个厅堂的壁画互相呼应：左厅表现盛典的前期准备；中厅画出征服敌人的激烈场面；右厅表现庆典大功告成，庆祝胜利的热烈欢快场面。整幅壁画，内容非常丰富但并不零乱，各自成章而又协调统一，而且三个厅堂中都出现同一个人物——国王。这样高超的写实手法在古代艺术中不能不令人叹服。

四、数学

现代人对于玛雅数学的了解，主要来自一些残存的玛雅时代石刻以及几种玛雅文古抄本：德累斯顿抄本（约 11—12 世纪）、马德里抄本（15 世纪）、巴黎抄本（约 14—15 世纪）等，其中德累斯顿抄本中的数学内容较多。玛雅人创造出了一套精巧的数学方法，来满足他们按年记事的需要，来决定播种和收成的时间。对于季节和年度中雨水最多的时间，他们准确地加以推

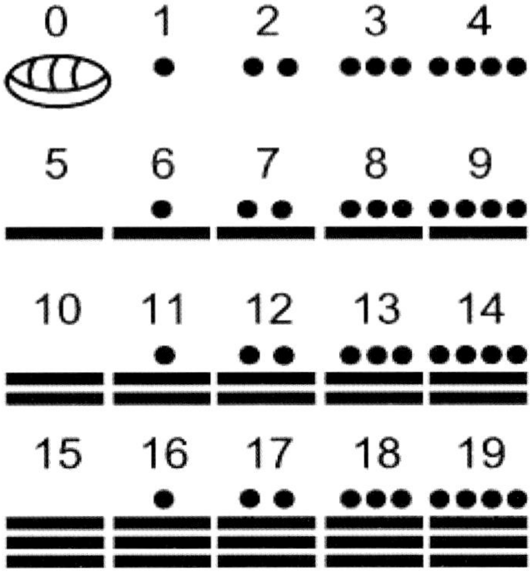

玛雅人的数学之一

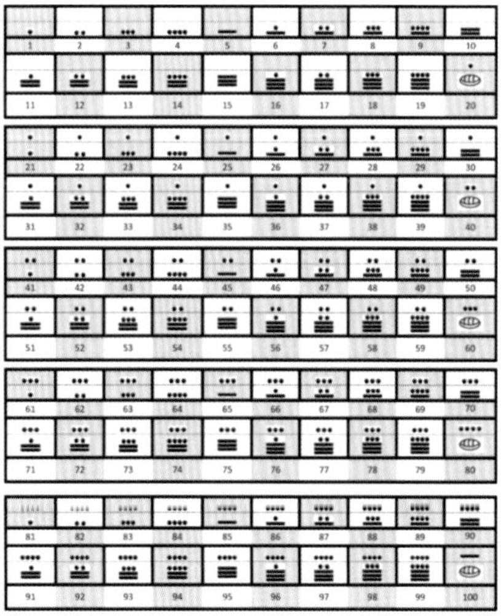

玛雅人的数学之二

算，以期充分利用贫瘠的土地。在古代原始民族中，玛雅人的数学技巧应该说是很高明的。

玛雅人的数学知识丰富，他们很早就发明和使用了“0”的概念，比欧洲人大约早了800年。玛雅人用两种方法书写数字：一种是用二十个头像来表示0—19；另一种是用横条加圆点的办法。一个圆点代表1，一根横条代表5，贝壳形象符号表示0。因此，4是四个圆点，6是一根横条加一个圆点，9是一个横条加四个圆点，10是两个横条，14是两根横条加四个圆点，15是三根横条，19是三根横条加四个圆点。在社会和生产的实践中，绝大多数民族根据手指的数目，创造了十进制的计数法。而玛雅人非常古怪，他们是根据手和脚的启发，创造了二十进制的计数法，但两位数到三位数却是十八进制，这大概与他们把一年分为十八个月有关。两位以上的数字按纵向顺序书写，从下向上阅读。20以上的数再进位为20×20=400、20×20×20=8000等。大于19的数字以20为权累进。如33写作一个点(代表20)，下加一个13（3个点+两根横条）。玛雅记数在第3位采用18进制，所以一个点下加两个0代表360，而不是400，这可能与一年有360余天相关。

五、天文和历法

玛雅历法体系由“神历”“太阳历”和“长纪年历”组成。“神历”又称“卓尔金历”（即祀典用历日），一年13个月，每月20天，全年260天；“太阳历”是一般民用历法，一年是365.2420天，这同现在计算的一年为365.2422天的数值只差2/10000。一年18个月，每月20天，另加5天忌日，全年365天，每4年加闰1天，早在公元最初的几个世纪里，玛雅人就创立了以地球围绕太阳旋转一周作为一年的“太阳历”。

此外，玛雅人还使用一种称为“长纪年历”的历法来作纪年。长纪年历，用累计积日数来表达，分九等，即金、乌纳尔、顿、卡顿、白克顿、匹克顿、卡拉勃顿、金切尔顿、阿劳顿。最高一个阶段是最低的一个的230.4亿倍，而且其纪年起点有过几次，每次新的起点都始于一次毁灭性的破坏之后，最后一次纪年始于公元前3113年，是玛雅人在中美洲定居下来的日子。1金表示

1 天，1 乌纳尔为 20 天，1 顿为 360 天，1 卡顿为 7200 天，1 白克顿为 144000 天。再以上顺序都是前者的 20 倍。一般记日用到五等，例如，9、9、16、0、0 即表示 $9\times144000+9\times7200+16\times360+20\times0+0=1366560$ 天。这种方法可以叫作积日法。玛雅人的纪年体系也不同于其他国家。

玛雅人除对天文历法了解得十分深入之外，他们对金星的历年也十分了解。金星的历年就是金星绕太阳运行一周所需的时间，玛雅人计算出金星历年为 584 天，而今天我们测算金星的历年为 584.92 天。玛雅宗教与玛雅人的天文、数学知识联系甚密。他们靠肉眼观察，能较准确地预测出日食和月食的时间，并掌握金星与月亮的运转周期。

六、文字

（一）玛雅人的文字

公元前后，玛雅人创造了象形文字，使用象形文字在树皮或鞣制过的鹿皮上记载天文、医学、仪典、神话传说、诗歌和历史。玛雅人是美洲唯一发明使用文字的印第安部族。到目前为止，已发现的最早刻有象形文字的纪念碑是 292 年提卡尔的石碑，石碑上刻有 800 多个写书符号，3 万余个词。玛雅的象形文字，形象在中间，四周附加连缀和语尾变化，出现了表意符号，一个字往往是一句话。文字有写在树皮上的，也有雕刻在石柱、石碑上的。此外，壁画、木刻、玉雕、贝雕、骨雕和陶器上也有铭文。文字内容丰富，包括天文、占卜、历法、历史、统治者的生平、世系、医学、植物、动物、地图和战争、结盟等事件的记载。

玛雅文字结构很复杂，现存的玛雅文字大部分是刻在纪念碑上的。在玛雅古城科潘，有一条象形文字梯道被完整地保存下来，为人类留下了一笔宝贵的古代文明遗产。

在西班牙人入侵美洲前，古代玛雅人曾用象形文字编写出许多书，上面绘有象形文字、图画和数字，记载他们祖祖辈辈的历史、科学发明、天文历法、神话传说及风俗习惯等，这是美洲最早的书。但是，大部分古抄本都被西班牙殖民者毁坏了。玛雅象形文字古抄本现仅剩 4 部，以其收藏地分别称作德累斯顿古抄本（约 11—12 世纪）、马德里古抄本（约 15 世纪）、巴黎古抄本（约 14—15 世纪）和格罗伊勒尔古抄本（1230 年左右）。

德累斯顿古抄本是写在经压平，而后用石灰水刷白的长幅树皮纸上。长幅树皮纸被折叠成手风琴状，做成书籍，共有 74 页。书的内容包括年历、精确的日蚀和月蚀表、洪水预报、播种时间，以及有关疾病和治疗的记载。

马德里古抄本是日蚀和月蚀表，象征日蚀和月蚀的符号出现在书中许多页上。天蛇出现在第 12 页至 18 页上。玛雅人常用蛇象征天空。马德里古抄本中还有猎鹿、设陷阱捕鹿、养蜂、婚礼和求雨等场景。

巴黎古抄本为十三星象图，每幅图均以口衔太阳的神秘动物来表示。巴黎古抄本中的记载向祭司们展现了星系运行的情景，指导他们占卜未来。

格罗伊勒尔古抄本因受焚烧损毁严重，只残留下几小片。这些残片是在墨西哥恰帕斯州一座山洞里发现的。这些残片是金星运行表的片段，精确地预测了金星作为晨星出现的时间。

到目前为止，大部分玛雅文字尚未被破译，现代学者只是破译出 4 部古抄本的一部分内容，并没有掌握其全部内容。玛雅文字艰深晦涩，至今能解读的不足总数的 1/3。已被解读的玛雅象形文字主要是代表一周各天和月份的名称、数字、方位、颜色以及神祇的名称。

（二）俄国学者对破译玛雅文字的贡献

俄国学者尤里·瓦莱丁诺维奇·诺索罗夫（Yuri Valentinovich Knozorov，1922年—1999 年）于 20 世纪 50 年代采用了一种全新的方式来研究玛雅文字，引起了玛雅碑文研究领域里的一场革命。诺索罗夫提出玛雅文字和古埃及、中国的文字一样，是象形文字和声音的联合体。

1942 年，20 岁的诺索罗夫是大学历史系二年级的学生，他参加了苏联红军，投入反德国法西斯的卫国战争。1945 年 4 月，他是苏联红军炮兵第 580 营的战士，参加了攻克柏林的战役。他在柏林普鲁士博物馆的废墟中捡到了两本书，一本是西班牙传教士迭戈·德·兰达（Diego de Landa，1520 年—1579

年）写的《尤卡坦纪事》，另一本是 1933 年出版的比利亚科达兄弟（Hermanos de Villacorta）著的《玛雅古抄本》。这两本书使他对研究玛雅文字产生了极的大兴趣。二战结束后，他回到苏联，在莫斯科大学攻读种族学。大学毕业后，他到列宁格勒（今圣彼得堡）科学院人类学和种族学博物馆工作，他潜心研究玛雅文字，并仔细阅读兰达的《尤卡坦纪事》和比利亚科达兄弟著的《玛雅古抄本》。20 世纪 50 年代，他提出玛雅文字是象形文字和声音的联合体的理论，受到国际上玛雅文字专家的重视。但由于种种原因，他一直没有能够到拥有玛雅遗址的拉美国家访问。直到 1989 年，67 岁时应邀访问危地马拉，他才登上了蒂卡尔的金字塔塔顶，时任危地马拉总统比尼西奥· 塞雷索亲自接见了他，并授予他总统奖章。1995 年，由于他研究玛雅文字和玛雅文明的杰出贡献，墨西哥政府授予他阿兹特克雄鹰奖章。此后，他曾多次访问墨西哥、危地马拉等国的玛雅遗址。诺索罗夫去世后，俄罗斯国立人文大学中美洲研究中心以他的名字命名。2018 年，墨西哥尤卡坦州州府梅里达市玛雅博物馆前竖立起了诺索罗夫的塑像。

尤里·瓦莱丁诺维奇·诺索罗夫

尤里·瓦莱丁诺维奇·诺索罗夫雕塑像

1963 年，苏联语言学者瑞·克洛鲁夫成功地将碑文分门别类，以统计学的方式来处理和分析，从这些不同的类别中，归纳出相同的象形文字。玛雅文

德累斯顿古抄本

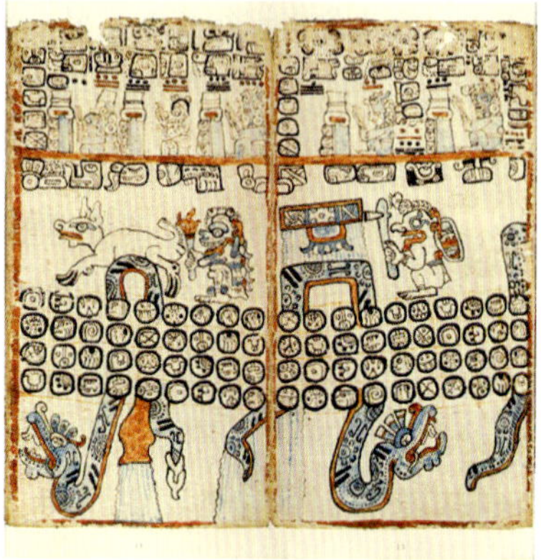

马德里古抄本

巴黎古抄本

格罗伊勒尔古抄本

字不像英文那样由26个罗马字组成，而是每个字都有4个音节。克洛鲁夫终于成功地看懂了几个文字。接着，苏联数学研究所的两位学者使用电脑和所掌握的大量文献资料，成功地解读部分现存玛雅古书上的文字，他们认为德累斯顿古抄本上有月食、星星的运行、结婚等记载；马德里古抄本中有农耕、狩猎和雕刻等记载；巴黎古抄本则记载历史的真相，有关于宗教仪式、气象现象和农作物等的记载。

（三）西班牙方济各会神父迭戈·德·兰达及其《尤卡坦纪事》

迭戈·德·兰达（1520年—1579年）是西班牙方济各会神父，1549年被西班牙天主教方济各会派往尤卡坦地区担任神父，是最早抵达尤卡坦玛雅人居住地区的西班牙神父之一。其使命是向玛雅人传播天主教，消除玛雅人的习俗和宗教仪式，设法使玛雅人皈依天主教。玛雅人向这位西班牙神父热情地介绍了自己的文明，但是，兰达被玛雅典籍中记载的事情吓坏了，认为这是“魔鬼的谎言与迷信”，他深信玛雅人的书籍和宗教信仰是异教信仰，都是邪恶的。因此，1562 年 7 月在马尼主持宗教裁判所时，他下令烧毁了所有他收集到的 40 多部玛雅抄本，焚烧了 5000 多尊玛雅神像。他还逮捕、拷打和杀害了数十名玛雅人。西班牙国王谴责了兰达的行为，下旨让他回西班牙为其滥用职权接受审判。在接受审判期间，1566 年他写了一本题为《尤卡坦纪事》的书为自己辩护。在书中，他叙述了他所亲自看到的玛雅人的生活、文化和文字，以及他所了解的玛雅人的历史。兰达后被判无罪，1572 年，他又回到尤卡坦，担任梅里达主教，一直到他去世。兰达固然要对烧毁玛雅人的历史文献和杀害玛雅人的罪行负责，但他的《尤卡坦纪事》也为后人留下了十分宝贵的有关玛雅文明的信息。

第六节　灾难片《2012》与玛雅预言

《2012》是 2009 年上映的一部由美国灾难片大师罗兰·艾默里奇执导的关于全球毁灭的灾难电影，它讲述在世界末日到来时，主人公以及世界各国人民挣扎求生的经历。电影主要情节是：太阳活动异常，地球内部的能量平衡系统面临崩溃，玛雅人关于“世界末日”的预言即将实现，人类将遭遇灭顶之灾，各国政府已经联手开始秘密制造方舟，希望能躲过这一浩劫。以写科幻小说谋生的杰克逊（约翰·库萨克饰）在带孩子们到黄石公园度周末时发生了一连串怪事，而且遇到了神经兮兮的查理（伍迪·哈里森饰），查理告诉他世界末日即将来临。伴随着火山爆发、强烈地震以及海啸，杰克逊带领自己的家人驾驶一架临时租来的飞机冲出被死神阴霾瞬间笼罩的城市，开始寻找查理口中各国政府正在联合秘密制造的方舟。在生死攸关的时刻，一些伟大的灵魂脱颖而出，而一些自私的心灵也无所遁形，当千千万万个生灵通过各种方法来到诺亚方舟制造基地之时，诺亚方舟有限的容纳数量引发了前所未有的恐慌。最终，仅存的人们用爱和对生命的尊重渡过了难关。当时电影《2012》风靡全球，也引起了我国一部分人的兴趣，许多人对此议论不止。这部电影的构思是基于古老的玛雅人预言，这个预言说 2012 年 12 月 21 日将是世界的末日。

这部影片在全球上映，使关于世界末日的玛雅预言又一次成为全球讨论的热点。事实上，所谓的“玛雅预言”只是一种被误解的说法。

首先，玛雅人并没有预言 2012 年 12 月 21 日将是世界的末日。根据玛雅人的“长纪年历”，把最初的计算时间一直追溯到玛雅文明的起源时间（即公元前 3114 年 8 月 11 日）到 2012 年 12 月 21 日冬至时，意味着当前时代的结束，即完成了 5125.37 年（即 1872000 天）的一个轮回。从这天起，又重新开始从“零天”计算，开始一个新的轮回。因而，认为玛雅预言中关于 2012 年 12 月 21 日是世界末日的说法是一种被误解的说法。

不过，在前述玛雅人的德雷斯顿古抄本的最后一页，确有关于世界末日场景的描述，该场景设想一场洪水将毁灭整个世界。不过，这种世界末日的假想在许多文化中都有存在，并不仅仅是玛雅人才有的预言。

第七节　主要的玛雅遗址

一、蒂卡尔

蒂卡尔位于今危地马拉境内佩腾湖畔的原始密林处，是玛雅古典时期的第一个城市，方圆 500 平方千米，占地 16—17 平方千米，共有建筑 3000 余座。它始建于 292 年，鼎盛时期在 7 至 8 世纪，到 9 世纪才因某种缘故突然由盛而衰，变成废墟，湮没于丛林之中，被抛弃和遗忘。直到 18 世纪才被人们发现。1877 年，瑞典旅行家古斯塔沃·贝尔努利将蒂卡尔装饰华丽的木雕横楣带回瑞典。1881 年后，又有一些人到蒂卡尔考察。1956 年—1970 年，美国宾夕法尼亚大学 100 多名考古专家经危地马拉政府同意在蒂卡尔进行长达 14 年的考察和发掘，修复了 16 平方公里的遗址，使这座古玛雅城市重见天日，再现昔日辉煌。

这是古代玛雅文化保存比较完好的遗址，现已发现的各种大小建筑物共 3000 多座，碑石 200 多块，石柱 80 根，大小劳动工具和生活用品 10 万多件。单在城市中心区就有大型金字塔 10 余座，小型神庙 50 余座。淹没在丛林里的宏伟的宫殿、神庙、金字塔展现了当年玛雅古都鼎盛时期的风貌。

据估计，蒂卡尔在 7 至 8 世纪时，至少有 4 万多人口。蒂卡尔古城的建筑大致沿着一条南北中轴线而建，金字塔往往成双相对而立。蒂卡尔古城建筑的主要成就在于金字塔，蒂卡尔金字塔的特点是高耸挺拔，坡度大，其台阶斜度超过了 70 度，占地面积小，向上爬很费劲。

蒂卡尔古城以中心广场为核心。广场的东侧是一号金字塔（神殿），由于它的形状像一头雄踞于密林中的美洲豹，因此被称作美洲豹金字塔。塔高 52 米，塔身由上到下共分 9 个梯次，顶端建有小庙。金字塔匀称壮观，气势雄

蒂卡尔一号金字塔

浑。从石碑铭文可知，该塔建成于810年。考古学家在一号金字塔第一层的台阶下发现了一个墓穴，据考察，这里埋葬的可能是一位蒂卡尔统治者的骸骨。

与一号金字塔相呼应的是二号金字塔，塔高42米，塔顶饰有一个巨大的石刻假面，塔的底部分成3个大厅，在厚实的墙壁上雕刻表现玛雅人劳动和生活的动人画面。二号金字塔建于736年。在远离中心广场的丛林中还有一对奇异的孪生金字塔，被看成是蒂卡尔标志性建筑。

在一号金字塔和二号金字塔之间的广场上，竖立着几十块石碑，石碑排成一行行队列，被称作“石碑仪仗队”。蒂卡尔的石碑雕刻以浮雕为主。石碑正面一般是一个身着王者服饰的人物，人物的周围以及石碑的背面刻满了象形文字和时间符号。在蒂卡尔四号金字塔还发现了一块浅木雕，这块木雕采用精细的线刻手法，栩栩如生地刻画出一个衣着华丽的上层人物，其头上方盘旋着一条双头蛇。除人和蛇外，木雕上还有上百个方形的象形文字。

二、科潘

科潘位于今洪都拉斯西部与危地马拉交界处。435年开始建城，5—9世纪为其全盛时期，成为当时的科学文化和宗教活动中心，后逐渐衰退，被遗忘。1576年，西班牙人迭戈·加西亚在从危地马拉去洪都拉斯的途中，发现了这个被淹没在草丛中的古城遗址。

科潘遗址内有象形文字石阵，63座建筑，其中有6座金字塔，一个“象形文字石阶”。科潘的石碑雕刻不仅精致华美，有很高的艺术价值，而且提供了关于玛雅纪年最可靠和最宝贵的资料。在卫城以北的主广场上，有14块耸立着的石碑。石碑用5—10米高的整块巨石刻成，每一块石碑上都精细地雕有神态各异、栩栩如生的人物。石碑是玛雅人的年鉴，碑上的象形文字就是碑文，记载着当时发生的重大事件。据考证，玛雅人每隔20年要立一块石碑。石碑一般是用一块完整的石头雕凿的，上面雕有人像、图案和象形文字。玛雅的象形文字形象在中间，四周附加连缀和语尾变化；出现了表意符号；一个字往往是一句话。文字有写在树皮纸上的，有雕刻在石柱、石碑上的。此外，壁画、木刻、玉雕、贝雕、骨雕和陶器上也有铭文。文字内容丰富，有关天文、占卜、历法、历史、统治者的生平、世系、医学、植物、动物、地图和战争、结盟等事件的记载。

科潘古城的中心部分长约600米，宽约300米，它的北部由主广场和中庭院组成，地势较低。南部由东庭院和西庭院所在的高台组成，也称作卫城，有几座金字塔高耸入云。这样一高一低，在建筑布局上颇具匠心。

在主广场的南面，广场与卫城之间的中庭院是玛雅球场，科潘的建筑以球场最为著名，在中心两墙之间夹着一块狭长的场地。

在球场的南面有一个石阶，共有63级，高约30米，宽10米，坡度约60度。它由2500块刻着花纹及象形文字的方石垒成，每隔12级中间就立有一个人头雕像，这就是著名的“象形文字石阶”是玛雅遗址中刻有象形文字最多的遗迹，是迄今为止发现的最长的玛雅石刻铭文。科潘历经16代国王，据考古学家考证，这一石阶建于科潘第15代国王烟贝（749年—761年）时期，是烟贝王为纪念其先王伊米斯王（628年—695年）和他的继承者第18代兔王（695年—738年）而建的。铭文记载了先王们的业绩。在台阶的顶端，有一个风暴之神的高浮雕像。

科潘象形文字石阶

从象形文字石阶顶端，可通往高出主广场二三十米的西庭院和东庭院。东庭院的北面和东面有几座较小的金字塔，西庭院的北面和东面有科潘最高的两座金字塔，其中东塔更高，高 37 米。这些金字塔的塔连接庭院地面的部分还特地筑成一堵矮墙，墙上刻有高浮雕，最著名的是东塔基墙上的美洲豹人的浮雕。此外，还有一座巨大的代表太阳神的人头雕像，以及 4 个盘腿而坐的祭司，他们身上刻着象形文字，每人手里拿着一本书；另一块浮雕上雕有两个国王，老国王将象征权力的权杖传给他的继承人雅克斯。

三、奇钦·伊察城邦

奇钦·伊察城邦位于墨西哥尤卡坦州首府梅里达东 120 千米处，南北长 3 公里，东西宽 2 千米，面积 9.6 平方千米，有建筑物数百座，现存比较完好的有 30 多座，是古玛雅文明和托尔特克文明的遗址，有“羽蛇神的故乡”之称，1988 年联合国教科文组织将其作为文化遗产列入《世界遗产名录》。“奇钦·伊察”的意思是“伊察人的井口”。在距离奇钦·伊察城不远的地方，有两座天然泉瀑布，早在 3 世纪时，伊察人就在靠近两口泉水的地方定居，建立简朴的村落，在经济上自给自足，所以这里就叫奇钦·伊察。奇钦·伊察城内有高 29 米、宽 55 米、长 6 米的坛庙，共有 91 级台阶。天然的圣井成为建城的基础。

现有的公路把奇钦·伊察城分为两半，南侧的老奇钦·伊察初建于 514 年。从南部墨西哥恰帕斯地区和今危地马拉迁来的玛雅人带来了南尤卡坦半岛的玛雅文明，在奇钦·伊察兴建了豪华的寺庙、金字塔、柱厅殿堂、球场、市场和天文观象台等。7 世纪是奇钦·伊察的鼎盛时期。918 年，奇钦·伊察遭到水手和商人的入侵。不久，又受到今墨西哥中部图拉的托尔特克武士和手工业者的入侵。

5至 10 世纪是托尔特克文明的全盛时期。托尔特克王国持续了约 3 个世纪。托尔特克人建造了许多城市，其中以 7 世纪兴建的都城图拉最为著名。其独特之处是在金字塔（神庙）前建有柱廊，在塔上耸立着成排的武士石像和蛇纹石柱，神庙的外墙饰以线条流畅的浅浮雕。托尔特克文明起到了承上启下、继往开来的作用，对新奇钦·伊察的建筑产生了重要影响。

托尔特克人和玛雅人逐渐融合，形成军事神权统治。这就是新奇钦·伊察。

公路北侧新奇钦·伊察城建于10至13世纪，大多为灰色建筑物，具有托尔特克文明特色，有库库尔坎金字塔、勇士庙等，以朴素的线条装饰和羽蛇神灰泥雕刻为主。

13世纪初，由于战争或其他原因，奇钦·伊察城突然被废弃。

（一）库库尔坎金字塔

在玛雅语中，“库库尔坎”是羽蛇的意思，象征风神，与阿兹特克语中的“克特查尔克阿特尔”（即羽蛇）相似。库库尔坎金字塔又称城堡金字塔，是奇钦·伊察古城中最高大的建筑，占地约3000平方米。其由塔身和神庙两部分组成，高约30米，塔底面为正方形，四方对称，底大上小，四边棱角分明。台基每边长55.5米，共9层，向上逐渐缩小至梯形平台，上有高6米的方形神庙。塔的四面各有91级台阶，四面共有364级，加上最上层的平台，正好是一年的天数。塔的每个侧面都整齐排列着52块雕刻的石板，52这个数字也正对应着玛雅人的一个历法周期。这座古老的建筑在建造之前，经过了精心的几何设计，它所表现出的精确度和充满戏剧性的玄妙效果，令后人叹为观止：每年春分和秋分两天的日落时分，北面一组台阶的边墙会在阳光照射下映出弯弯曲曲的七段等腰三角形影子，连同底部雕刻的蛇头的影子，宛若一条巨蛇从塔顶向大地游动，象征着羽蛇神在春分时苏醒，爬出庙宇。每一次，这个影子持续整整3小时22分，分秒不差。这个神秘景观被称为“光影蛇形”。库库尔坎金字塔是玛雅人对其掌握的建筑几何知识的绝妙运用。专家认为，库库尔坎金字塔的建筑构思与玛雅人对太阳的崇拜有关。例如，塔的四面都有91级台阶通到塔顶，加在一起为364级，加上顶端平台，正好是365级，同一年的天数相吻合；塔的每一面都有52块大石块，同托尔特克人把每52年算作一纪相一致；此外，塔分成9层，由于中间台阶相隔，每一面分成18部分，18这一数字又同玛雅日历中一年有18个月相同。

库库尔坎金字塔北面台基处有一条地道，进去后，塔内还有一个台阶，这是塔中的塔，共有61级，顺着台阶往上爬，便到达塔中塔的顶端，顶端也有一座神庙，但比较简单，只有两小间屋大小。在前厅有一座恰克莫尔（Chac-mool）雕像，“恰克莫尔”意即“诸神的信使”，这是一座斜靠着的神，其眼睛、牙齿和指甲都是用贝壳镶嵌的。在神庙里有一个呈长凳形的美洲豹雕像，据说是供最高祭司坐的。在座位处有一个绿宝石镶嵌的圆盘，美洲豹的眼睛是用玉镶嵌的。

（二）勇士庙

在库库尔坎金字塔的东面有一座宏伟的四层金字塔，被称为勇士庙，庙的前面和南面是一大片方形或圆形的石柱，名为“千柱群”，这些石柱过去曾支撑着巨大的宫殿。勇士庙的入口处是一尊用巨大石头雕成的仰卧人形像，古玛雅人称它为恰克莫尔神像，它的后面是两个张着大嘴的羽蛇神。在这片中心区方圆几公里内，还有很多奇钦·伊察旧城的石砌建筑，均为同一时代的遗址。

勇士庙

勇士庙建于11世纪，以内部占地广阔著称。穹隆形的石房顶用木楣支持，木楣则置放在石柱之上。现在，房顶和木楣都已不见，只有石柱石墙仍然留存。勇士庙雕刻有极其丰富的浮雕装饰，大门上有两根纤细的蛇形柱，蛇头雕刻精美，两边墙面上雕刻有龙头蛇身图案浮雕，梯道两边的顶端立有武士小雕像，在勇士庙通到圣殿的阶梯顶上，有座被称为“查克穆尔”的人像。考古发现，托尔特克人在尤卡坦半岛留下许多这种石刻人像。而当时奇钦·伊察城的祭司，可能把活人祭品的心脏摆在这个斜倚的人像上。

圣井　玛雅人对雨神极为崇拜，每到春季都要举行盛大的祭祀仪式。每当献祭的日子，国王都要将挑选出来的一名14岁的美丽少女投入这口通往“雨神宫殿”的圣井，让她去做雨神的新娘子，向雨神乞求风调雨顺。在献祭美女的同时，祭司和贵族们也把各种黄金珠宝投入圣井，以示诚意。

在玛雅人突然消失得无影无踪之后，传说中的这口聚集着巨大宝藏的圣井也渐渐被荒野丛林所湮没。

19世纪，有个名叫汤普逊的美国人试图寻找这口圣井，他在这座羽蛇之城发现了一处神秘的人造洞穴。据说，有次汤普逊在圣井旁的神庙中转悠时，无意中发现神庙地板中间的一块大石板被敲打时有空洞声。他将石板撬开，发现下面是一个宽敞的地下室，室中有一个大石墩。他使劲将石墩挪开，下面露出一个巨大的洞口，洞里有条4米长的巨蛇盘绕在一个正方形的石室中间。汤普逊打死了巨蛇，然后跳进洞里。他发现，洞里的地板上还有两具被大蛇拦腰咬断的人的骨骸，死人的骨骸下面还铺着一块大石板。他把石板撬开，下面又是一个洞。就这样，汤普逊一连撬开了五块石板。当他撬开第五块石板时，下面露出一条凿在岩石上的阶梯。从阶梯一直走下去，就通向一间人工凿出来的石头房子，阶梯和房子里到处都是木炭，汤普逊把这些东西清理干净后，发现在地板上盖着一块非常大的石板，他凭借着全身的力气把石板挪开，结果下面又露出一个大约15米深的洞，洞底的地板上有无数用玉石和宝石雕刻的花瓶，以及用珍珠制成的项链和腕链。

1903年，汤普逊把神庙中发现的宝藏公之于世，他虽然找到了离圣井不远处的这个人造洞穴，也发现了一些洞中隐藏的珍宝，却并未找到真正的玛雅人的圣井。

奇钦·伊察遗址最北面是祭祀井。奇钦·伊察古城共有7处水井。所谓井，并不是我们通常所说的水井，而是地下的暗流。尤卡坦半岛是石灰岩地表，没有河流，稀少的雨水统统渗入地下，被5—20米不等厚度的地下岩层阻挡，形成地下暗流，即所谓的井。祭祀井是其中最大的一个，方圆60米，深12米。在举行祭祀时，将祭品——披金戴饰的活人投入祭祀井，同时投入的还有点着火的橡胶球、金银饰品等。若经过几个小时，某个投入井中的人没有死，则被认为是带回了神的信息，而被奉为“圣灵”。

祭祀井

奇钦·伊察古城约在1200年走向衰落，13世纪初被遗弃。19世纪前半期被一位名叫约翰·斯坦芬的美国考古学家发现。当时，这座古城在淤泥和丛林的覆盖下，已沉睡了600多年。20世纪初，美国驻墨西哥领事爱德华·汤普森购买了奇钦·伊察庄园，并进行了发掘工作。自1923年起，墨西哥政府同美国卡内基基金会对奇钦·伊察遗址进行大规模发掘，这一工作延续了20多年，到20世纪40年代中期，奇钦·伊察主要遗址才被发现和修复。

（三）球场

库库尔坎金字塔西北便是球场。球场呈工字形，建于11世纪，长168米，宽70米。东、西是两堵高高的墙，高约7米，每堵墙上各有一个石刻圆环，用于比赛时投球。玛雅人的球赛并不是游戏，而是一种宗教仪式。每逢举行祭祀仪式时，祭司就让两队武士披挂上阵，每队7人。球直径约20厘米，重600克，系用橡胶做的实心球。比赛以投入墙上石圈内多少个球计输赢，祭祀以每队所代表的不同含义进行占卜，选择胜者或败者祭天。奇钦·伊察的球

球场

场是玛雅遗址中规模最大的一个。

在球场东边石墙的中央底部，还可清晰地辨认出一块浮雕所反映的球赛的宗教实质：中间是一个圆球，两边各有 7 位全身披挂的武士。球左边的一队队长一手持刀，一手提着另一队队长的人头。被斩首的右队队长身体跪着，从他的脖子里喷出 6 条蛇，象征鲜血；还有一束鲜花，象征着祭祀带来了丰收。值得一提的是，玛雅人赛球不是手抛用脚踢球，而是用肩、肘、膝、臀部撞球。

（四）“蜗牛”观象台

从库库尔坎金字塔向西南方向走，可到达“蜗牛”（El Caracol）观象台。这是古玛雅唯一的一座圆形建筑，高 16 米，建于 845 年。观象台建在高 6 米的两层高台之上，高台上面的台阶的位置是经过精心计算后才决定的，与重要的天象相配合。台阶和阶梯平台的数目分别代表了一年的天数和月数。52 块雕刻图案的石板象征着玛雅历法中 52 年为一轮回。这座建筑物的方向

“蜗牛”观象台

定位也显然经过精心考虑，其阶梯朝着正北、正南、正东和正西。观象台内有螺旋形的梯道和回廊，“蜗牛”的名称由此而来。从梯道上去，便是观象室。室壁上开凿了不少位置准确的观察孔，沿观察孔的对角线可以观察到春分、秋分落日的半圆及地球的南北极方向，并可算出星辰的角度。

四、乌斯马尔

乌斯马尔位于尤卡坦半岛北，乌斯马尔意为“重建三次之地”（其实乌斯马尔不止重建了三次），主要建筑为占卜金字塔。

（一）占卜金字塔

占卜金字塔高48米，有121级台阶，祭司们在祈祷时必须注视天空中的星星，根据星象学与占卜学来预测。

（二）四方修道院

四方修道院有88个房间，长方形院落。虽然被西班牙人起了“修女院”的名称，但实际上它的作用有二，一是供祭司和贵族居住，二是玛雅人的学堂。它是典型的普克（Puuc）建筑风格。东边不远处有一座不大的庙宇，绰号“教堂”，装饰有精美的雨神面具。

占卜金字塔

四方修道院

五、帕伦克

帕伦克是玛雅城邦遗址，它坐落在墨西哥恰帕州西北部崇山峻岭间的一块坡地上，包括金字塔、庙宇和宫殿，帕伦克有“美洲人的雅典”之称。

帕伦克的建筑群中，最引人注目的是建在金字塔上的铭文神庙。金字塔为正方形，共 10 层，向上逐层缩小，最低一层有台阶 9 级，其余有台阶 7 级，共 72 级。铭文神庙就建筑在金字塔顶平台上，平顶，有 5 扇门，走廊上有壁画、浮雕，庙的四壁都是雕刻的碑文。这里的建筑物几乎都是平顶或有平台。金字塔的台阶象征通往宇宙的阶梯，这是玛雅建筑的典型特征。

帕伦克初建于 3 至 4 世纪，鼎盛时期是在 6 至 8 世纪，这里曾是玛雅繁荣的城镇和重要的宗教祭祀中心。遗址占地面积约 10 平方千米，共有十几座高大的庙宇、宫殿和铭文石碑。

和蒂卡尔一样，帕伦克也是在热带丛林的包围下被埋没了几百年，直到 18 世纪末才被西班牙探险家发现，当时它几乎被热带丛林所吞没，茂密的树根蔓延到建筑物的缝隙之中，掩盖了金字塔的外表，青藤布满了宫殿的走廊、屋顶和石柱，到处是一片荒芜的景象。19 世纪，一些西方探险家曾多次来到帕伦克考察，并在文章和著作中描写过帕伦克古城，但直至 20 世纪才开始对帕伦克进行真正意义上的科学考察。

帕伦克

帕伦克古城的特点是，它的整体布局与周围自然环境有机地结合，充分利用了丘陵地带的特点，把金字塔神庙的基座建在自然的山丘上，这样既节省了人力，又使建筑与自然浑然一体。

帕伦克古城大致为南北走向，但建筑物的布局并不规整。北部是球场，北部建筑群有 5 座小庙、伯爵神庙和第 10 号神庙；东南部是太阳神庙、十字神庙、叶饰十字庙和第 14 号神庙等；中部是宫殿；西南部是铭文神殿和骷髅庙等。

宫殿的下半部为金字塔形，高 10 多米，顶部是长 100 米、宽 80 米的平台，上面建有庙宇、殿堂、庭院，另外还有一座高 20 米的 4 层方塔。关于塔的用途还没有定论，有人说它是观云测雨的观象台，有人说它是个瞭望塔。宫殿下部的金字塔形建筑上砌有 27 级台阶。此外，塔的侧面还有一个出入口，可顺着它从金字塔的内部登上平台。平台上庙宇和宫殿的外墙上雕刻有复杂的花纹和服饰华丽的玛雅人形象的浮雕，栩栩如生。

铭文神殿建于 7 世纪末，建在高 24 米的 9 层金字塔形台基上。寺中殿和门廊的后壁上附有 3 座石碑，共雕刻有 617 个玛雅象形文字，寺的名称由此而来。铭文神殿的金字塔是玛雅人建造的金字塔中最独特的金字塔，它是金字塔、庙宇、墓陵三合一的建筑，而一般的玛雅金字塔没有陵墓。

1949 年，墨西哥考古学家阿尔韦托·鲁斯在清除铭文神殿的碎石时发现帕伦克金字塔内有一个暗梯。1951 年，又发现一间暗室，暗室内发现 9 具尸骨。随后，又发现暗室墙上有一块石头比较特别，在挪动这块石头后，发现还有一间暗室，原来是一间相当大的墓室，墓室高 7 米，长 7 米，宽 3.75 米。墓室里安放着一口巨大的石棺，打开沉重的石板盖一看，里面是一副尸骨。尸骨的脸部罩着用 200 块玉石、祖母绿、贝壳和黑曜石缝制的面具，这表明死者有一个地位很高的贵族，考古学家认为他是玛雅国王巴卡尔一世（615 年—683 年）。在墓碣（石板）上雕刻着一个半躺的人像，周围是一些复杂精美的图案，这些图案的象征意义至今仍是一个谜。这一墓碣上的浮雕是最完美的玛雅石板浮雕，它以精美的勾线表现了极富装饰意味的形象和独特的造型风格，是装饰性和写实性相结合的杰作。

帕伦克墓室

此后，考古学家在帕伦克遗址不断有新的发现。1994 年在与帕伦克巴卡尔二世的墓穴相连的寺庙里发现了“红色女王”的遗骸，当时遗骸表面被红色的粉末覆盖，故称之为“红色女王”。据 2002 年 6 月墨西哥考古学家最新研究结果，红色女王的遗骸很可能是巴卡尔二世的妻子或其直系亲属。此外，红色女王的复原像同巴卡尔二世墓穴里发现的壁画中的一个玛雅女人像惊人地相似。1999 年 5 月，在帕伦克遗址又发现了两处古迹，一处是一座古祭台，另一处是一座古墓，这两处古迹距今约 1250 年。这一发现被认为是 20 世纪墨西哥最重大的考古发现之一。新发现的古祭台长 2.8 米、宽 1.7 米，上面雕刻有 150 个玛雅文字和一些人物的浮雕；新发现的古墓长 3.3 米、宽 2.5 米，古墓石壁上有色彩保持完好的壁画，墓穴中有陶瓷制品、玉石等装饰品和遗骸。

第八节　关于玛雅人的起源和消失

玛雅人既是中美洲的最早居民，也是中美洲真正的主人。但玛雅人又来源于何方？他们是土生土长的，还是移民？关于玛雅人的起源众说纷纭，至今难以定论。目前有几种说法：某个国家的移民，或者是“失落的部族”后裔，甚至是外星人的后代等。最后一种说法令人费解，如国家的原体从何而来，外星移民的相貌问题等，都成为考古史上的谜团。国外和我国学者主要有两种不同的观点。一种认为玛雅人是土生土长的，起源于美洲。但这一说法没有得到学术界的普遍认同。迄今为止，尚未发现玛雅地区和美洲大陆有从猿到人的化石遗迹。第二种是外来说，认为玛雅人和美洲印第安人的祖先是从其他大陆迁徙过去的。从目前的研究情况来看，外来说占上风。随着美洲考古挖掘工作的开展和人类学、遗传学的发展，越来越多的证据表明，玛雅人和美洲印第安人的祖先是从其他大陆迁移过去的。但是，是从哪个大陆迁移到美洲的呢？这个问题，同样是见仁见智、众说纷纭。归纳起来，大致有以下几种看法：一是欧洲说，二是非洲说，三是南太平洋说，四是亚洲说，五是多元起源说等。法国学者保罗·里维特（1876年—1958年）在他的经典著作《美洲人类的起源》一书中，并没有否定印第安人的祖先来自亚洲蒙古人种的说法。但他认为，美洲印第安人包含了来自不同大陆的不同的种族成分。而主张亚洲说的人认为，玛雅人和美洲印第安人起源于亚洲蒙古人种。从地理学上推测，玛雅人和美洲印第安人的祖先是远古时期从亚洲经过白令海峡，到达阿拉斯加，再迁徙到美洲大陆其他地区（包括玛雅地区）的，因而认为玛雅人起源于亚洲。不难发现，玛雅的彩俑具有蒙古人种的体貌特征，如面孔方正，肤色黄中透红，黑头发、黑眼睛、单眼皮、鼻梁扁平。

关于玛雅文明消失的原因的假设层出不穷，如洪水、地震、飓风等“天灾”说；瘟疫、集体中毒等“传染病”说；人口膨胀、反复从事焚林耕作导致土壤贫瘠等“经济原因”说；外敌入侵、城邦战争、农民叛乱等“社会原因”说以及“集体自杀”说，不胜枚举。尽管众说纷纭，却没有一种假设有充足的证据令人信服。

1519 年，西班牙征服者科尔特斯（1485 年—1547 年）率领西班牙军队横扫墨西哥，征服了正处于文明鼎盛时期的帝国，摧毁了玛雅文明和阿兹特克文明。此时，玛雅文明已近尾声，但在尤卡坦半岛上，还残存着一些玛雅小城邦。1526 年，一支西班牙征服者前往尤卡坦半岛，试图用暴力建立西班牙殖民地，并强制推行基督教信仰，不肯屈服的玛雅人展开了长达百余年的游击战。1697 年，最后一个玛雅城邦在西班牙人的炮火中灰飞烟灭。应该说，玛雅文明从来没有消失过，至少没有完全消失过，因为玛雅人的后裔一直生活在这一地区，许多人一直使用玛雅语言。

第三章　辉煌的阿兹特克文明

阿兹特克文明是拉丁美洲古代三大文明之一，其发祥地是墨西哥谷地，今墨西哥首都墨西哥城就位于此。墨西哥谷地处于墨西哥中央高原，海拔约200米，南北长约100千米，东西宽约60千米，这里气候宜人，水草丰盛，为阿兹特克文明的发展提供了一个绝佳的自然环境。自古以来，印第安人在此从事劳动创造、繁衍生息，为前阿兹特克文明打下了坚实的基础。

在墨西哥谷地进行的大量考古发掘证实，早在公元前7000年至公元前5000年间，这里就有人类定居，从事农耕活动。首先种植鳄梨、南瓜等作物，大约公元前5000至公元前3500年，开始种植玉米、菜豆、辣椒等。公元前2500年出现陶器制品。

在阿兹特克文明出现之前，这里具有代表性的文明有特奥蒂瓦坎文明和托尔特克文明。

第一节　前阿兹特克文明

一、特奥蒂瓦坎文明

特奥蒂瓦坎文明发祥于特奥蒂瓦坎谷地，该谷地与墨西哥谷地毗邻，兴起于公元前100年，350年至650年是其鼎盛时期，它毁于700年至800年，即在西班牙人征服美洲之前，它已经被毁灭。有人认为特奥蒂瓦坎文明毁于干旱和水资源枯竭，也有人认为它毁于外敌入侵。特奥蒂瓦坎文明的中心和基地是一座大型城市——特奥蒂瓦坎城。特奥蒂瓦坎城面积约 22.5 平方公里，在鼎盛时期人口最多时约达 20 万。

特奥蒂瓦坎文明

“特奥蒂瓦坎”在印第安纳瓦特语中意为“创造太阳和月亮神的地方”或“众神之城”。特奥蒂瓦坎古城位于墨西哥首都墨西哥城东北约 40 千米处，1987 年联合国教科文组织将该古城列入《世界文化遗产名录》。

特奥蒂瓦坎人在城内建造了一条南北走向长约 3 公里，宽 40 米的“死亡大道”（又译“黄泉大道”）。死亡大道的北端矗立着月亮金字塔 (Pir á mide de la luna)，向南 200 米左右，死亡大道的东侧坐落着著名的太阳金字塔 (Pir á mide del sol)，这是墨西哥最高的古代建筑物。大道两侧有许多的庙宇和其他建筑物。在死亡大道的南端的东侧有一方形的院落，四周有围墙，被称为“城堡”，其实它不是城堡，而是一组建筑群，围墙实为高台，其上面有庙宇，院落内有克察尔科亚特尔（羽蛇）神庙。

特奥蒂瓦坎是一个具有多种阶级和多种职业的城市社会，那时就已经有了比较健全的文明生活。建筑物主要以金字塔和庙宇为主，城市周围也建有平民居住的建筑物。

根据特奥蒂瓦坎人遗留下的艺术创作判断，他们崇拜一个名为特拉洛克的神明，他是特奥蒂瓦坎的守护神。他有两种不同的形象，其中男性版的特拉洛克是掌管降雨的神明，而女性版的则为掌管河湖的水神。在特奥蒂瓦坎人的绘画中可以看到许多叼着滴血心脏的神兽，因此考古学家认为该文明与其他墨西哥古文明一样，有拿活人献祭的习俗，他们用这方法来祭祀、安抚掌管大地的神明。

2015 年，墨西哥国立自治大学人类学家琳达·曼萨利尼亚的一项研究成果表明，特奥蒂瓦坎并非毁于干旱或外敌入侵，有可能是因为内部冲突而崩溃的。曼萨利尼亚对废墟进行了考察，并对从中发现的一些人类遗骸和器物进行了分析。她认为，1 至4 世纪这一带的火山爆发迫使人们移居到盆地南部，并且聚居在特奥蒂瓦坎城中，让特奥蒂瓦坎成为一个多族群聚居的城市。通过对当时人类活动痕迹、营养模式、同位素和 DNA 的分析，曼萨利尼亚发现这些后来的移民可能主要居住在城市边缘，由于他们中不少人有一技之长，因此城市商人向他们提供了一些工作机会，于是这些具有技能的移民渐渐获得财富并取得一定的社会地位。随着时间的流逝，富裕商人、社区领导者和部分官员之间的关系日趋紧张。由于政府坚持对所有自然资源的垄断，这种关系越发紧张并最终爆发冲突。一群愤怒的暴民烧毁了城市的主要建筑，摧毁了雕塑和壁画。最终，整个城市沦为废墟。此外并没有发现任何外敌入侵的证据，因此推断这个古代文明或毁于内部冲突。

（一）死亡大道

死亡大道纵贯古城南北，长约 3 千米，宽 40 米，两旁的建筑错落有致，街道的坡度设计巧妙，每隔若干米建六级台阶和一处平台。死亡大道是一条笔直的大路，3 千米的长度内贯穿了一系列清晰可见

死亡大道

的长方形广场，两侧都有台阶相通。这条气势不凡的大道两侧有2000多所民居，它们组合成许多套“公寓”，就像是现代住宅的先驱。

（二）太阳金字塔

特奥蒂瓦坎的仪式中心虽然只占全城总面积的1/10，但很宽阔广大。大多数纪念物都矗立在死者大道两侧，其中气势最恢宏的太阳金字塔位于大道的东侧，塔高65米，底为四边形，逐层向上收缩，南北长222米，东西宽225米，共有5层，其上建有太阳庙，是世界第三大金字塔，体积有100万立方米。大道北端是月亮金字塔，它比太阳金字塔晚建了150年。太阳金字塔是特奥蒂瓦坎遗址中规模最大的建筑物，是古代印第安人祭祀太阳神的地方，它建筑宏伟，呈梯形，坐东朝西，正面有数百级台阶直达顶端。

太阳金字塔基本上呈正方形，而且也正好朝着东南西北四个方向，塔的四面都呈等边三角形，底边与塔高之比恰好也等于圆周与半径之比。塔内部用泥土和沙石堆建，从下到上各台阶外表都镶嵌着巨大的石板，石板上雕刻着各种各样的图案。塔顶原有一座太阳神庙，后被毁。据18世纪西班牙历史学家考证说，当初这座庙金碧辉煌，高大的太阳神像站立在神坛中央，面对东方，

太阳金字塔

端庄严肃，胸前佩戴着无数金银、宝石饰物，当阳光射入神庙时，其周身反射出耀眼的光芒，使人肃然起敬，当年人们就在这里杀人以祭祀太阳神。巨大的金字塔内部还长眠着另外一座神庙，这意味着太阳金字塔是在覆盖了原有神庙的基础上建造的。

（三）月亮金字塔

在太阳金字塔旁屹立着月亮金字塔，它坐落在城北，是祭祀月亮神的地方。它的建筑风格和太阳金字塔一样，只是规模较小，比太阳金字塔晚 200 年建成。它坐北朝南，长 150 米，宽 120 米，塔高 46 米，也分 5 层。月亮金字塔向南 200 米左右有 4 层重叠的平台，逐层减小。虽然月亮金字塔本身塔高不如太阳金字塔，但由于它的地基比太阳金字塔的地基高，因此两塔顶端的高度处同一水平。塔的正面，阶梯陡峻，从底下向顶端仰望，塔顶高耸入云；从顶部往下俯瞰，视野广阔。由于月亮金字塔的阶梯修复较好，一般游客都喜欢从这里登高。同太阳金字塔一样，月亮金字塔内也有好几层结构，属于不同时期的建筑。月亮金字塔下是月亮广场，可容纳数万人。广场从南到北共 204.5 米，由东往西有 137 米。月亮广场中央是一座四方形的祭台，特奥蒂瓦坎古城

月亮金字塔

重要的宗教仪式都在这里举行。月亮广场的建筑讲究对称，给人宽广宏伟的感觉。月亮金字塔的外部叠砌的石块上绘刻有许多色彩斑斓、技艺精湛的壁画和雕浮，它们是古代拉美文明的瑰宝。

太阳金字塔和月亮金字塔造型为四边形层叠平台，每层向上收缩，顶层作神殿和祭坛之用。祭司在塔顶祭祀太阳神、雨神和战神。另外，这里还举行献祭仪式，祭司把活人绑在“牺牲石”上，剖胸取心奉献给太阳。

沿死亡大道南行，大道的另一端终点是古城第三座大型纪念性建筑物——城堡。城堡内有神庙、住宅、凹陷的广场及其周围的15座金字塔式平台，这显然是个举行宗教仪式的地方，著名的克察尔科亚特尔神庙就坐落在广场中心。

（四）克察尔科亚特尔神庙

克察尔科亚特尔神庙即羽蛇神庙，羽蛇是印第安人崇拜的神话动物，其因身体是蛇，但长着克察尔鸟羽毛而得名。但在印第安人的古代传说中，克察尔科亚特尔又是一个来自遥远的太空的神灵。据说他身穿白袍，长着长胡子，降临在特奥蒂瓦坎，向人们传授各种知识和历法。他教会人们这些知识之后，就乘上一只飞船，返回神秘的星空去了。印第安人相信，将来他还会重新回来。

克察尔科亚特尔神庙

克察尔科亚特尔神庙是城堡内最雄伟壮观的建筑，可惜它早已倒塌，只剩下神庙底座一座造型优美的6层棱锥形建筑，但仅仅这一个底座的豪华精美和美轮美奂就已使专家们惊叹不已。它的每一层都有众多的羽蛇头像和雨神头像石雕间隔排列。蛇身是浅浮雕，蜿蜒在石板上。雕刻风格粗犷，形象栩栩如生，其工艺精致到就像一个模子铸出来的一样，使人无法相信这些是仅仅靠使用石制工具就能加工的艺术品。庙基上还雕刻着许多精美的图案和怪异的象形文字，但学者们至今仍然无法破译那些象形文字的意义。很久以来，人们一直以为羽蛇神庙是座单纯的宗教建筑。然而，20 世纪 80 年代关于这座建筑物的考古发现改变了人们的想法。有人认为，它也许是特奥蒂瓦坎的强大军事力量的祭祀中心。

（五）蝴蝶宫

月亮广场以西，耸立着古城最豪华的建筑——蝴蝶宫，此宫从前是祭司的住所。宫殿里的壁画完整无损，保持着原来的鲜艳色彩。中央大厅的圆柱上刻有蝶翅鸟身的浮雕。两边圆柱上雕刻着一只美丽飞鸟，它双翅齐展，仿佛迎面飞来。蝴蝶宫的结构典型地反映出当时特奥蒂瓦坎城的建筑特点：每座房子都是四方形，正对东南西北四个方向，房子中间都有一个四方形的天井。

在蝴蝶宫下面挖掘出的另一座庙宇，是迄今发现的特奥蒂瓦坎城最古老的建筑，被称为“羽螺庙”，其墙上画有许多用美丽羽毛装饰的海螺。在离羽螺庙不远的地方，是“美洲豹宫”，它的门口墙上画着两只蹲在地上的美洲豹。美洲豹头饰羽毛，虎视眈眈，前爪握着一只海螺，在嘴边吹奏。

蝴蝶宫

特奥蒂瓦坎社会是一个依靠贸易发展起来的等级森严的社会，由神权政府管理。城市的财富来源于丰富的黑曜岩矿和肥沃的土地。按人们的职业清楚地划分社会阶层：陶工、油漆匠、宝石抛光工、农民、渔民等。特奥蒂瓦坎曾是一个美洲的大都市，不同种族的居民分别居住在城市的不同地区。这里曾是整个中美洲最重要的经济、宗教和政治中心。当时的人们对几何、建筑、天文和艺术都有精深的了解。装饰宫殿四壁的绘画所表现的神话故事和各种建筑的布局都表明特奥蒂瓦坎人重视天文甚于军事。由此我们可以推断，这个以崇拜土地和农业神祇为根基的文化一定是热爱和平的。

特奥蒂瓦坎的经济以农业为主，人们种植芸豆、玉米、西红柿、辣椒，同时也狩猎、采矿、饲养动物。特奥蒂瓦坎人还与周围地区居民进行贸易。

特奥蒂瓦坎文明的影响遍及今墨西哥大部分地区和中美洲危地马拉、洪都拉斯和伯利兹等国。特奥蒂瓦坎的制陶艺术和陶器，对玛雅文明和瓦哈卡文化都产生了深远的影响；特奥蒂瓦坎崇拜的神灵羽蛇神克察尔科亚特尔和雨神特拉洛克后被其他文明如托托纳克文明、萨波特克文明、玛雅文明和阿兹特克文明所继承。

650 年至 700 年间，特奥蒂瓦坎遭到外族入侵，原有古城建筑几乎被毁坏殆尽，人们只得遗弃了这座“诸神之都”。现在能看到的许多建筑物，都是后来整修过的。约 650 年，特奥蒂瓦坎骤然消亡，结束了它的辉煌。

二、托尔特克文明

托尔特克文明约起源于 950 年，即特奥蒂瓦坎消亡后的 300 年。托尔特克文明的出现是经过长时间各民族的文化交流和人口杂居而形成的。这些文明的开创者们继承了特奥蒂瓦坎文明的特色，在墨西哥谷地建立了一个新的文明。托尔特克文明兴起于今图拉城。

图拉城面积约 13 平方千米，位于今墨西哥城西北 64 千米处，属今墨西哥伊达尔哥州，人口最多时达 6 万。城池建在山上，山下为特奥特拉尔潘谷地，图拉河流经其间。托尔特克人吸收了特奥蒂瓦坎文明及其他文明的成果，创造并发展了自己的文明。后来阿兹特克人又继承了托尔特克人的文明，并结

合自己的创造，建立了古代墨西哥谷地最后的印第安文明——阿兹特克文明。图拉城古文化遗址，分布在一个每边长约 120 米的四方形广场的周围。它的北面有一个最大的神庙，是托尔特克人祭祀金星的场所。另外，还有太阳神庙、被烧焦的宫殿、球场、祭坛和起居室等。布局讲究对称，有排水设备，且大量应用了模制土坯（即日晒砖）。

托尔特克人以建筑和手工艺品而闻名，他们创造了自己独特的文化。后来，该地区被另一个游牧部落奇奇迈加侵占，托尔特克文化从此逐渐衰落，但留下了大量的文化遗产。

托尔特克人操纳瓦特尔语，10至12 世纪时曾统治现今墨西哥中部地区。“托尔特克”一名包括数种意义：一是“城市居民”，“有文化的人”。二是“芦苇民族”，源于其中心城市托兰（意即“芦苇丛生之地”）。

传说，900 年左右，托尔特克人在米斯科特尔（意为“云蛇神”）的领导下，将当时的名城特奥蒂瓦坎洗劫一空，然后焚毁之。米斯科特尔之子托皮尔岑继位后，于 10 世纪末兼并许多不同民族的小城邦，缔造了一个王国，采用羽蛇神祭仪。后来，羽蛇神祭仪曾为尤卡坦半岛南地区玛雅人在奇钦·伊察及玛雅潘等城采用，这都是受托尔特克文明的影响。

托尔特克人的出现标志着中美洲地区尚武精神的兴起。他们还以建筑和手工艺品闻名，据说托尔特克人率先在美洲制造金属工艺品，采用巨型门廊、蛇形柱、巨型人像柱、人形及兽形掌旗者，还有十分别致的雨神卧像。

恰克摩尔

12 世纪初，由于奇奇梅克人的入侵，彻底摧毁了托尔特克人在墨西哥中部的霸主地位，随后，阿兹特克人又入侵并于 1156 年毁掉图拉城。

在图拉城遗址的广场中心的祭坛上，置有一个“神的使者”的雕像，像高 66 厘米，雕像平卧地上，双腿上屈，脸面侧视，双手置胸前，合捧一盒，臂上带有钏。托尔特克人把这种雕像叫作“恰克摩尔”，意思是它是神的使者，它把人们对神的贡献物送到神跟前，它胸前所捧的小盒就是收容贡献物品的。恰克摩尔雕像的出现，是从托尔特克人开始的，也是构成托尔特克文化的主要特征之一。恰克摩尔是托尔特克人崇拜的神，他们的形象大量出现在托尔特克人的雕塑作品中。在奇钦・伊察古城的恰克摩尔是目前保存比较完整的一个，是人们研究古代托尔特克人文化的重要史料。

托尔特克人的制陶工艺受特奥蒂瓦坎文化的影响很深。这里的陶器以橘黄色陶为主，器壁较薄，大部经过磨光，但亦有刷泥痕迹，它的器形有三足器、带有圆底缸罐形器和平底钵形器等。在花纹装饰方面，托尔特克人很喜欢黑色，他们多数是在器里口沿画出黑色直线纹，少数是画在器外，但也有在器里外的口沿部分画出红色宽边的。

托尔特克人还利用蚌壳制成各种装饰品，最引人注目的是一件嵌贴在陶器上的人头像。人的头、眉和头发全用黑色蚌条缀成，牙齿用白色蚌片，头上披发也全用铅黑色蚌片嵌贴，手法细致，形状颇为生动。由此可以看出托尔特克文化在中美洲古代文化中的地位。

托尔特克人原是居住在墨西哥北部的一支游牧民族，大约在 800 年左右进入阶级社会，并开始南迁到中部高原地区；大约 50 年之后，这个奴隶制国家出现了一个有名的首领霍拉特，他对治理国家做出了杰出贡献。后来他不幸被敌人杀死，其子继位，自称克沙尔柯脱尔。856 年，克沙尔柯脱尔开始营建规模宏大的图拉城。

图拉城中还有专门的石器作坊，石器作坊里的原料大都为坚硬的黑色石头，这些黑色石头是用来制造农具和武器的。作坊集中在专门的街区。另外，在某些街区还设有专门的纺织和制陶作坊，所有的作坊都是家庭作业。在谷地里生活的大多为农民，他们主要从事玉米、菜豆和辣椒的种植。

托尔特克人在雕刻、建筑、绘画等方面有极其辉煌的成就，因而有“伟大的工匠”之称。

托尔特克人雕刻方面的独特成就是在建筑中运用像柱。图拉遗址中的像柱是其代表作。在图拉城发现的武士像巨型石柱雕像更体现了托尔特克人高超的雕刻艺术。由于托尔特克人崇拜羽蛇神，所以它的形象不时地出现在托尔特克人的绘画和建筑中。

在图拉城，人们就发现了一座建在金字塔上的羽蛇神金字塔庙遗址。金字塔顶部通往羽蛇神庙处，有两排雕成男性人像的石柱，这些雕像被刻画成了羽蛇神的形象，他们头戴羽毛装饰，双手顺着身体放置，胸前有巨大的蝴蝶状盔甲，背部有象征太阳的圆盘。他们右手执长矛，左手拿着箭和其他物品，原来的作用是用以支撑神庙的屋顶，但现在神庙屋顶已不复存在，而他们本身也曾因为具有神的形象而受到人们的崇拜。雕像由四部分衔接起来，涂有色彩，眼睛和嘴都是镶嵌的。他们表情严肃，具有鲜明的武士风格，形象刻板而有力。这些武士像巨型石柱高约 4.6 米，大约存在于 900 年至950 年，1942 年被发现，是非常能体现托尔特克文化特点的代表作。

托尔特克人不仅在石雕上有极高成就，而且在建筑上也体现出高度智慧，这集中体现在奇钦・伊察古城中。托尔特克人于 10 世纪南迁至尤卡坦半岛，取代玛雅人成为这个地区的新统治者后，他们在发扬自己优良传统的同时，吸取了玛雅文明的精华，并与玛雅人一起兴建了许多新的城邦，其中就有新奇钦・伊察。在奇钦・伊察城邦中，他们兴建了武士殿、金字塔、观象台、头颅墙、球场、市场等建筑。这些建筑，既有托尔特克人原有的风格，又保存了许多玛雅文明的特点，形成了玛雅托尔特克文化。

人类学家认为“托尔特克”是一个民族或一个种族。事实上，“托尔特克”是一个由科学家和艺术家组成的社会；他们一直在探索和传承前人在心灵哲学上的成就和实践。他们既是“纳过”（Nagual，意为守护神、巫师），他们也是学者；他们住在墨西哥城外古老的金字塔城——兜提华堪（Teotihuacan），传说中“凡人也可变成天神”的地方。

在过去的数千年中，对祖先遗留下来的智慧，“纳过”们一直深藏不露，人们只能隐约感觉得到。托尔特克人在墨西哥古代建筑发展史上是以创造和使用圆柱而闻名，而且在宗教信仰方面废除了用活人作为牺牲献祭的礼仪，而代之以禽鸟和蝴蝶。

967 年，托尔特克人远征达金和奇钦·伊察，在那里建立了新的玛雅托尔特克城邦。1156 年，奇奇迈加人攻陷图拉城，于是托尔特克人在中部高原地区的统治也就随着图拉城的陷落而终结。

在托尔特克人南迁到中部高原地区后，特奥蒂瓦坎文明开始衰落，这就为托尔特克人发展自己的文明创造了一个契机。事实上特奥蒂瓦坎城被毁灭后，特奥蒂瓦坎文明虽然开始显示出衰落的迹象，但其发展并未中断，很快又在其他地方兴盛起来，并逐渐与当地文化结合。在这种结合过程中，一系列文明产生了，例如，霍奇卡尔科文明、艾尔塔星文明、猛特奥尔凡文明以及托尔特克文明。而在这些文明中，托尔特克文明最具代表性，其成就也最大。

托尔特克人所创造的文明在很多方面曾影响着玛雅人和阿兹特克人，其影响主要体现在建筑雕刻艺术和国家建制上。托尔特克人和阿兹特克人在建筑艺术上有许多相似之处。例如，托尔特克人建筑艺术的代表金字塔常常采用

图拉城1

图拉城2

“斜坡——层阶”结构式样，而阿兹特克时期的金字塔则将托尔特克人这一金字塔建筑形式完全继承下来了，这从阿兹特克人的太阳金字塔和托尔特克人的月亮金字塔的对比中就可以看出。

玛雅人的雕刻艺术更多地继承了托尔特克人的风格，其雕刻主题也大多表现战争，但作品的艺术氛围却更多地体现出活泼生动的气息，表现了玛雅人对生活乐观向上的积极态度。托尔特克时代，武士国家开始形成，政府趋于世俗化，出现了“两头执政”，即两名最高首领：武士主持政务，祭司主持教务。图拉城邦与另外四大城邦结成联盟，成立了一最高委员会，设在图拉城。在这一联盟中，商人起了重大作用，因为他们不仅进行商品交易，而且还相互传递信息。托尔特克文明在许多方面为其他文明的发展奠定了基础。

1156年左右，图拉城邦发生内讧，武士集团和祭司集团相互争斗，于是联盟瓦解，来自北方的奇奇迈加人乘机入侵，迫使托尔特克人迁出图拉地区。随着奇奇迈加人的入侵和托尔特克人的迁出，托尔特克文明逐渐衰落了。

第二节　辉煌的阿兹特克文明

阿兹特克文明是古代阿兹特克人所创造的印第安文明，是古代拉美三大文明之一。“阿兹特克”是部族的名称，这一名称是19世纪一些历史学家给起的，它源自传说中的美洲一个名叫“阿兹特兰”（意为“白鹭之地”）的地方，该地被认为是阿兹特克人的发祥地。阿兹特克人一直自称“墨西卡人”，但后来“阿兹特克”这个名称被广泛采用。由于阿兹特克帝国曾是墨西哥历史上出现过的最强盛的帝国，阿兹特克文化又凝聚了美洲中部地区丰富的文化传统，人们就习惯地把墨西卡人称为阿兹特克人。就像有时候用“华人”“汉人”“唐人”来泛指中国人一样，人们有时候把墨西哥人称为“阿兹特克人”，把墨西哥称为“阿兹特克国”。关于“墨西哥”的含义，一些人认为，“M é xico（墨西哥）”是纳瓦语中“metz-tli（月亮）”“xic-tli（中心或肚脐）”和“co（地方）”三个词素的组合，意为“月亮湖的中心”。但另外一些人认为，“M é xico（墨西哥）”的原意为“墨西特里（墨西卡人战神的化名）的居住地”，或者是“墨西卡人的居住地”。

阿兹特克“帝国”

阿兹特克文明主要分布在今墨西哥中部和南部，形成于14世纪初，1521年被西班牙人所毁灭。阿兹特克文明的孕育和发展有其特定的地理历史条件。阿兹特克文明的发祥地是墨西哥谷地。墨西哥谷地处于墨西哥中央高原，海拔200米，南北长100千米，东西长60千米，气候宜人，水草丰盛，为阿兹特克文明的发展提供了一个良好的自然环境。这一良好的自然环境，使墨西哥谷地成为自古以来人类繁衍生息的一个中心。人类从事劳动创造，这又为阿兹特克文明的发展打下了坚实的基础。

一、简史

阿兹特克人原属纳瓦特尔语系发展水平较低的一个部落，后来因吸收、融合这个地区其他印第安优秀文化传统而迅速崛起。11 至 12 世纪间，阿兹特克人从北部迁入墨西哥中央谷地，1325 年在特斯科科湖西部岛上建造特诺奇蒂特兰城。1426 年，阿兹特克同特斯科科、特拉科潘结成了中美洲当时最为强大的部落联盟“阿兹特克联盟”（即“三方联盟”），由阿兹特克国王伊兹科亚特尔任首领，势力日盛，在谷地建立了霸主地位。伊兹科亚特尔 1440 年去世，继承人蒙特苏马一世（1440 年—1469 年在位）于 1440 年登基，后不断扩张国土。为巩固新扩张的地区，他进行了一系列的改革，推行了一个新的纳贡方法，大大增加了帝国的收入，改善了国家经济。他制定了一项新的土地政策，减少了叛乱的概率。他还制定了关于死刑的附加法律，规定平民不得与贵族通婚；制定了一系列的教育政策，在每个居民区建立了学校。蒙特苏马一世还封赏在军事或农事方面表现杰出的平民。1450年至 1454 年发生了由于干旱导致的大饥荒，为此，蒙特苏马一世不断地发动战争，获取俘虏来祭祀神灵，并将版图扩展到了东部的墨西哥湾、南部达今墨西哥瓦哈卡州。在阿兹特克帝国鼎盛时期，共统治了 371 个部落，首都特诺奇蒂特兰曾经有 25 万人居住，是当时世界上最大的城市之一。

蒙特苏马二世在 1502 年登基，1504 年发动对特拉斯卡拉的战争，使阿兹特克的统治范围不断扩大。西班牙人很早就开始在墨西哥湾和加勒比海沿岸进行殖民活动。1518 年前后，一些西班牙的殖民者在墨西哥沿岸探听到了一些关于阿兹特克帝国的情报，西班牙驻古巴总督贝拉斯克斯于是对那个充满黄金的天堂向往不已，决定任埃尔南·科尔特斯（1485 年—1547 年）为队长对墨西哥进行征服。科尔特斯是西班牙的贵族，曾伙同贝拉斯克斯入侵古巴，野心很大。接到这个命令后，他马上召集部众，倾其所有家产，把赌注押在这次远征上。贝拉斯克斯看出了他的野心，怕科尔特斯一旦羽翼丰满就会难以控制，

玛林津给科尔特斯当翻译

于是收回命令。但科尔特斯置之不理，于1519年2月强行出海。科尔特斯登陆后，迅速打败了墨西哥沿岸奋起抵抗的印第安人，并得到了一个名叫玛林津的印第安女子。这个女子是一个阿兹特克酋长的女儿，她懂玛雅语和阿兹特克语，后改信天主教，取名玛丽娜，她很快又学会了西班牙语，成为科尔特斯在征服过程中的翻译和情妇，她在科尔特斯征服阿兹特克帝国中起了重要作用。墨西哥历史学界对玛林津的评价不一。起初，多数人认为她是一个叛徒，帮助西班牙殖民者征服印第安民族。但后来也有人认为，如果不是她当翻译，西班牙殖民者可能会毁灭阿兹特克和其他印第安部族的语言和文化。

1519年4月，科尔特斯沿海岸向北行驶，两天后到达阿兹特克王国境内。阿兹特克的国王蒙特苏马二世早已知道了他的行踪，于是派一些酋长沿途给科尔特斯提供食宿，并派人送来了黄金和各种礼物，希望这样能阻止科尔特斯入侵特诺奇蒂特兰。但这些礼物不但没有消除科尔特斯进攻的计划，反而助长了他侵入阿兹特克帝国的野心和掠夺财物的欲望。1519 年 11 月 8 日，科尔特斯堂而皇之地进入了特诺奇蒂特兰，还受到了阿兹特克人的欢迎。进城后，西班牙人借口几个西班牙人被阿兹特克人所杀而俘虏了国王蒙特苏马二世，并在他的王宫内的地下室中大量掠夺财宝。科尔特斯利用印第安人的内部矛盾，利用对阿兹特克人不满的印第安部族来攻打阿兹特克帝国的都城特诺奇蒂特兰。次年 5 月，科尔特斯为迎战前来讨伐他的西班牙殖民者纳瓦埃斯，率部分军队前往海岸，留部将阿尔瓦拉多驻守。5 月 23 日，阿兹特克人在广场举行节日庆典，阿尔瓦拉多乘机下令屠杀，阿兹特克人死伤无数。这一暴行激起了阿兹特克人的反抗，西班牙殖民者被围困在王宫内。6 月，科尔特斯率军返回，仍未能平息阿兹特克人的怒火。蒙特苏马二世在入侵者面前摇摆不定，最后成为西班牙殖民者的傀儡。6 月 27 日，蒙特苏马二世在向民众劝降、要求民众解除围攻时被民众击伤而死。

1520 年 6 月 30 日夜，意识到危险已经逼近，在粮食绝尽时，科尔特斯决定组织突围，最后狼狈地逃出特诺奇蒂特兰城。这些征服者们身上装满了掠夺来的财宝，想沿着一条堤坝路悄悄溜走，不料被人发现。是夜风雨交加，印第安人的小船包围了这些人，一场惨烈的战斗开始了。在阿兹特克人的围堵下，殖民者慌不择路，乱作一团，许多西班牙殖民者被迫将携带的财宝扔入水中，减轻负重，还有许多人由于身上带有黄金，在混战中掉入水中，与黄金一起葬身水底。这一夜，有 1000 多名西班牙人和数量更多的土著人战死，大部分人坠入特斯科科湖中被淹死，只有小部分人侥幸逃脱。据说，科尔特斯突围后在一棵大树下失声痛哭。历史上称这一夜为“悲惨之夜”。

1521 年 5 月至 8 月，科尔特斯再次围攻特诺奇蒂特兰，阿兹特克人在新首领夸乌特莫克（1496 年—1525 年）的领导下进行了英勇的抵抗，与围城的西班牙殖民者展开殊死搏斗，最后阿兹特克人由于粮食和水源断绝，加之天花肆虐而失败。8 月，西班牙殖民者攻入特诺奇蒂特兰城内，大肆破坏，烧杀抢掠，毁坏了这座阿兹特克帝国的著名城市，后在其废墟上建立了墨西哥城。特诺奇蒂特兰的陷落标志着阿兹特克帝国的消亡。

（一）不屈的阿兹特克人领袖夸乌特莫克

在墨西哥城的两条主要街道改革大道与起义者大街交汇处，竖立着夸乌特莫克雕塑像，他是阿兹特克帝国的第十一位君主，也是最后一位君主。他身穿战袍，头戴羽冠，手握长矛，注视着远方。夸乌特莫克是蒙特苏马二世的侄子和女婿，1520 年 11 月登上王位时，年仅 24 岁，那时阿兹特克帝国已经危在旦夕。阿兹特克第九任国王蒙特苏马二世被科尔特斯扣为人质，后向西班牙殖民者俯首称臣，成为傀儡。阿兹特克帝国的贵族和祭司们推选蒙特苏马二世的兄弟古伊特拉瓦克出任第十任国王。新国王积极招兵买马，并与其他部族共同抵御入侵者。但可惜他继位仅 80 多天，便因患天花而去世。1521 年 5 月，科尔特斯率领 600 名西班牙殖民军的步兵和骑兵以及 15 万名敌视阿兹特克帝国的印第安其他部族人围攻特诺奇蒂特兰城，夸乌特莫克才临危受命。

殖民军拥有火枪、火炮、战马等先进军事装备和为数众多的同盟军，而阿兹特克人只有弓箭、标枪、鱼叉等原始武器。在缺水缺粮、天花肆虐、外无援兵的艰苦条件下，夸乌特莫克率领阿兹特克人英勇地战斗了 75 天，最后退到一个小岛。8 月 13 日，他不幸被捕。被捕后，殖民者对他施用各种酷刑，逼迫他供出蒙特苏马二世国王的珍宝藏在何处。但夸乌特莫克坚强不屈，殖民者的企图没能得逞。1525 年 2 月 28 日，科尔特斯用绞刑将年仅 29 岁的夸乌特莫克处死。夸乌特莫克在入侵者面前捍卫了尊严和勇气，被视为墨西哥的民族英雄，墨西哥许多街道、城镇、学校、军舰用“夸乌特莫克”命名。每年的 2 月 28 日，是夸乌特莫克的忌日，墨西哥全国下半旗志哀。

（二）阿兹特克帝国毁灭的原因

阿兹特克帝国之所以被毁灭，原因之一主要是军事力量对比悬殊。西班牙殖民军拥有火枪、火炮、战马等先进的武器装备，而阿兹特克人只有弓箭、标枪、鱼叉等原始武器。

原因之二是西班牙殖民者的残暴无情、嗜杀成性。如科尔特斯到达阿兹特克的宗教圣地乔卢拉城时，对城中的阿兹特克人发动了一场血腥的大屠杀，死者多达 3000 多人。在阿兹特克人的一次宗教活动中，他们竟然大肆砍杀参

夸乌特莫克像

加活动的人群，当即就有一些贵族和600多名平民倒在血泊中。西班牙殖民者对城市的破坏也是不留余地的，他们就是在特诺奇蒂特兰大庙的废墟上建造了墨西哥城的大教堂的；在特拉特洛尔科，他们在供奉印第安之神维洛波切特利的神庙废墟上建造了圣地亚哥教堂。殖民者是在毁灭阿兹特克人主要建筑后的废墟上重新建造自己的城市的，他们将历史悠久的古城毁于一旦。

原因之三是天花等传染病的流行。科尔特斯的一个士兵患了天花，于是这种疾病就开始传播开来，使毫无抵抗天花能力的阿兹特克人迅速地染上这种不治之症，不得不为他们这么多年的与世隔绝付出沉重的代价。

原因之四是阿兹特克人轻信一个传说。阿兹特克人有一个关于来自海上民族的传说，说一些白皮肤、白胡子的人从海上而来，教给他们各种知识，帮助他们建造神庙，后来又从海上离去，并许诺以后一定回来。这些人被阿兹特克人称为“克萨尔科约特尔”。所以当西班牙人到阿兹特克帝国的特诺奇蒂特兰时，阿兹特克人看到白皮肤的西班牙殖民者，以为是他们的神依照诺言又回到了他们身边，于是设宴庆祝，但没想到这些“神”会毁灭他们。而阿兹特克人为神灵而发动战争的行事风格也给他们带来了厄运。他们发动战争的目的是获得俘虏，以此来供奉神灵，并不是要将敌人彻底铲除，这与西班牙殖民者以掠夺为目的的战争截然不同。这样的双方遇到了一起，前者失败的结果是必然的。

原因之五是西班牙殖民者利用阿兹特克人与周围地区其他印第安部族如

托托内卡人、特拉斯卡拉人、奥托米人等的矛盾，联合这些印第安部族人攻打阿兹特克人。

（三）阿兹特克帝国先后共有11位国王

1	阿卡马皮奇蒂利	1376—1395年
2	维齐利维特尔	1395—1417年
3	奇马尔波波卡	1417—1427年
4	伊茨科阿特尔	1427—1440年
5	蒙特苏马一世	1440—1469年
6	阿哈亚卡特尔	1469—1481年
7	提佐克	1481—1486年
8	奥伊佐特尔	1486—1502年
9	蒙特苏马二世	1502—1520年
10	奎特拉瓦克	1520年
11	夸乌特莫克	1520—1524年

二、国家组织和社会

阿兹特克帝国并不是严格意义上的帝国，它没有全境统一的行政机构。“阿兹特克联盟”（即“三方联盟”）不是政治联盟，而是军事联盟。它实行神权统治，最高首领国王既是大祭司，又是最高军事统帅。阿兹特克社会已向阶级社会过渡。阿兹特克的国王由贵族议事会从特定的家族中推举，无世袭权，并可被贵族议事会罢黜。联盟所征服的部落需向联盟割让土地和纳贡，但可保有自己的部族神和习俗，由自己的酋长管理。特诺奇蒂特兰城分为4大区，分属4大胞族，下面共分为20个氏族，各氏族都有自己的氏族神、祭司和寺庙，享有处理内部事务的权力。各氏族选出代表出席酋长会议。土地被分成王田、祭司田、军田，由公社成员集体耕种，以满足国王、贵族、祭司和武士所需。但社会组织仍以被称作“卡尔普里”的氏族为基础，土地为氏族公有，分配给各家庭耕种。“卡尔普里”原意是氏族，城邦国家形成后，其含义发生变化，成为城市中氏族聚居的街区或农村中氏族聚居的村社。卡尔普里独立自治，有自己的保护神、神庙和祭司，由长者议事会管理一切事务。盟主阿兹特克酋长为最高军事统帅，其指导向外扩张，征服的目的不是霸占领土，而是扩大税收的范围和增加内贡的部落。“三方联盟”不在被征服地区设置行政区域，不派遣行政官员，只划分了交税纳贡区，派遣收税官进行监督；战败的部落仍独自存在，自主发展，只是按时向“三方联盟”交税纳贡。严格地说来，阿兹特克部落的酋长并不是阿兹特克帝国的皇帝或国王，并不享有至高无上的威权。

阿兹特克社会

阿兹特克人的社会组织以氏族为基础，实行公社土地所有制，但已开始出现阶级划分。最高统治者是国王（特拉托阿尼），兼军队最高统帅和宗教最高祭司。国王由长老会（全体贵族）从四个候选人中挑选，一旦选定，就终身为国王了。第二层是贵族（皮皮尔廷，或皮莱）、祭司、行政长官和军事首领，贵族拥有土地和自己的姓氏，子女可受到特殊教育。第三层是商人（波契特卡）、平民（农民和手工业者），最底层是奴隶，主要来自战俘和罪犯。

阿兹特克的军队分为两部分，一部分是未经良好训练的平民士兵，一部分是纪律严明的高等战士。在军队中表现突出（例如捕获多名战俘）的平民士兵可以晋升成为高等战士。阿兹特克人经常发动荣冠战争来获取人祭祭品，在这种战争中，阿兹特克人不杀死敌人，而重于将其俘虏，这种观念使得西班牙人轻易地赢得了对阿兹特克人的战争。阿兹特克人的军队中还有部分美洲豹战士、雕战士等，这些战士都特别的勇猛，他们往往穿着像鹰和美洲豹一样的服装。

（一）墨西哥国旗和国徽的图案与阿兹特克兴建墨西哥城的传说

关于阿兹特克族的定居有一个有趣的传说。说的是在他们的保护神战神和太阳神威济洛波特利的启示下，他们去寻找一只鹰，它栖身在一株仙人掌上，口中还衔着一条蛇，立在仙人掌上，找到之后就应该在那里定居下来，建立自己的国家。经过两个多世纪的寻找，阿兹特克人不断地由北向南迁移。1325 年的一天，他们来到了墨西哥特斯科科谷地的一个蓝色的咸水湖畔，看见一块褐色的巨石上长着一棵巨大的仙人掌，一只雄鹰叼着一条蛇站在仙人掌上。这正是太阳神预示的地方。阿兹特克人举族欢腾，便在这里定居下来，并用勤劳的双手缔造了特诺奇蒂特兰城。在印第安语中，这座城市的名字就是“石头上的仙人掌”，现在建设成了美丽的墨西哥首都。如今，墨西哥国旗和国徽的图案就是一只雄鹰叼着一条蛇立在仙人掌上，下面由橡树和月桂组成的环相托。橡树和月桂象征力量、和平与对国家的忠诚。

战神威济洛波特利的母亲原有 400 个儿子和一个女儿。丈夫去世后，她和儿女们一起生活。一天，她在一块圣地上捡到一个晶莹剔透的小玉球，随即将它揣在怀里，没想到她竟因此感应而受孕。儿女们得知后十分气恼，准备在婴儿出生时将其杀死。母亲为此非常担心。不料，有一天婴儿在她腹中大喊：“不要害怕！”后来，婴儿一落地，便搭弓射箭，将准备杀死他的哥哥姐姐们打得大败。他就是战神、太阳神威济洛波特利。

阿兹特克族并不是墨西哥谷地的原住民。约在 1276 年，阿兹特克族进入

墨西哥国旗

墨西哥国徽

墨西哥谷地，入驻查普尔特佩克。约 1325 年，阿兹特克人迁往特斯科科湖中的一个小岛上居住，与以前逃至此的人会合。后来这个小岛发展成特诺奇蒂特兰城，即如今墨西哥首都墨西哥城。

（二）特诺奇蒂特兰

帝国的都城是特诺奇蒂特兰城，它不仅具有神话般的起源传说，而且还有它独特的风格。在 16 世纪西班牙入侵之前，特诺奇蒂特兰作为阿兹特克帝国的中心，拥有人口 20—30 万，是当时世界上最繁荣的城市之一。

特诺奇蒂特兰位于特斯科科湖的一个小岛上。由于在多雨的年份中，特斯科科湖的水位会上升，并淹没该城，而湖水中的盐分会损害岛上的农作物，于是阿兹特克人筑起了一条长堤，将特诺奇蒂特兰置于一个封闭的水湾中。湾内的水位用水闸来控制。三条石坝将小岛与湖岸连接起来。这三条石坝都与城内的主要街道连接在一起，而城内的街道以中心广场为中心呈辐射状向四周延伸。城内多小河，多用来运输。

特诺奇蒂特兰城的房屋，有用泥沙砌成的，也有用石块建造的，还有两层的楼房。而在这些房屋的顶上多种满了花草，犹如一个个的“空中花园”。城内有两个主要的广场，一个是特拉尔特洛尔科庙广场，另一个是可真正称为特诺奇蒂特兰的宗教中心广场。

特诺奇蒂特兰最具有特色的要属它的人工岛了。在特斯科科岛上，由于帝国不断发展，人口猛增，而小岛的面积又非常有限，阿兹特克人在岛屿的四周建了很多的人工岛。他们先是在沼泽地建运河，然后建起挡土墙，他们在墙内放入一些腐败的植物，并定期将运河底的沃土补充到墙上作为表层。人工岛的四周则种上树，防止水土流失。人工岛就用来种植玉米等作物，玉米是他们最主要的作物。这种人工岛被西班牙人称为“水上花园”，怪不得欧洲人会把特诺奇蒂特兰比作“墨西哥的威尼斯”。

特诺奇蒂特兰城中有两个很大的市场，其中一个就在中心广场的附近。这个市场每隔 5 天有一次集市。每到开市的那一天，人们一大早就摇着小木船或抬着轿子把商品运到市场上。市场上的商品应有尽有、琳琅满目，主要的商品还另辟专卖区。当时阿兹特克人还未使用铸币，所以商品都是物物交换。但有些物品已经具有货币的职能，如一袋袋的可可豆，T 形的小块锡或铜，装在羽毛管里的金砂、金粉等。市场上还设有为人理发的地方，理发工具是经过精心磨制的石刀。

特诺奇蒂特兰城中的人们同这座美丽的城市一样夺目。阿兹特克人是爱美的民族，他们非常注意装饰自己的外表。男人一般都披挂宽大的斗篷和绶带，女人则穿拖地的长袍。他们的衣服有棉布的，但大多数是用野鸡、鹦鹉、蜂鸟等珍贵的鸟的羽毛编制而成的。阿兹特克人不论男女都佩戴头饰、手镯、脚镯和耳环等一系列饰物。这些饰物一般是用金银和珠玉做成的。

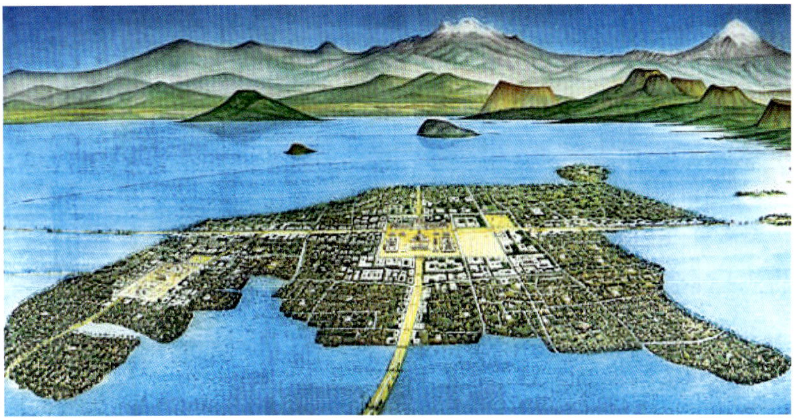

特诺奇蒂特兰古城

可惜这座古城却在西班牙殖民者的侵略下被付之一炬，以后墨西哥人民在特诺奇蒂特兰的废墟上建立了墨西哥城。当今，这座城市的遗迹不断从城市的地底下被挖掘出来。它曾经的辉煌繁荣仍在墨西哥人民心目中留有深刻的印象。在墨西哥城国立人类学博物馆的阿兹特克纪念碑上刻着这样一段铭文：“只要这个世界可以延续存在，阿兹特克人所创造的特诺奇蒂特兰这一名城的声威和光荣，就永远不会消失。”

三、经济生活

阿兹特克帝国有比较发达的农业，主要作物有玉米、豆类、南瓜、马铃薯、棉花、龙舌兰等，其中龙舌兰是其特产；饲养火鸡、鸭、狗等禽畜。阿兹特克人利用特斯科科等湖泊发展人工灌溉系统，据说当时在特诺奇蒂特兰城南的索奇米尔科有 1.5 万条人工渠道，至今仍存 900 条。手工业相当发达，有金、银、铜、宝石、皮革、纺织、羽毛、陶器等各种工艺品。生产工具多为木器和石器。阿兹特克人不懂炼铁，但初步掌握了炼铜和炼金技术。纺织、制陶、石刻和宝石镶嵌等手工艺达到了较高水平。首都特诺奇蒂特兰城内有神殿、王宫、行政官署、贵族宅邸、游戏场、学校等建筑。城北的市场是国内贸易中心，据记载，可以容 6 万人交易货物，比当时西班牙的市场还大。

阿兹特克的经济生活以农业为基础，土地所有制分公有与私有，村社的土地为公共所有，各家的父亲分得一片土地，终身耕种，死后交给村社；如果连续两年不耕种，村社就得收回土地。贵族的土地为私人所有，由土地所在的村社农民耕种。耕种技术很原始，没有耕畜，没有犁杖，使用“掘土棒”——一种装有石刀片的长柄农具。为了扩大种植面积，增加产量，他们在湖区采用两种方式造田：填湖造田和挖沟造田。阿兹特克人称这两种造田方式为“奇南帕”。人工小岛和台地土壤肥沃，一年四季均能种植庄稼和栽培花卉。玉米是主要种植物，其次是瓜类、豆类植物和辣椒。还有生长在缺水干旱地区的龙舌兰。

阿兹特克人的神灵崇拜是当时阿兹特克手工业发展的动力。在特诺奇蒂特兰的每个家庭都设有一个祭坛，人们认为一切行为都受到某种神灵的保护。阿兹特克人经常为这些神灵举行宗教仪式，人们总是抱着最虔诚的态度，奉献自己最好的物品进行祈祷，每个家庭对神灵的崇拜都力图超过以往。因此祭祀用品就充分展示了当地的最好手工艺。

在当时，黑曜石是最具有经济价值的矿石，它被用来制作各种物品，包括最常见的祭祀时用的刀，它要求的技术工艺很精，需要制作得又薄又锋利。他们还用这种岩石为神像安装眼睛。而最具特色的应该是阿兹特克人雕凿的黑曜石杯子，由于黑曜石又硬又脆，造这种杯子是很不易的。

特诺奇蒂特兰最著名的行业是制羽业，原料是外地的贡品，工匠用其来制作武士的头饰和盾牌。其他重要的行业有金银首饰、器皿制作等。产品除供应本地外，大部分销往全国各地。

它的贸易十分活跃，有当地的集市贸易和远距离贸易。特诺奇蒂特兰城中有许多大小广场，均用作商品贸易场所。商品来自帝国各地，各地商品在广场上分片集中摆摊，商品应有尽有。特诺奇蒂特兰是全国的商业中心，全国各地的商品运往那里，城里生产的各种手工业品又流向全国各地。从事这种商品贩运活动的商人形成了一个特殊的社会阶层，他们不光从事商业活动，还充当间谍，收集情报，向首领报告，在扩张领土的征服活动中又是先遣人员。因此可以说，贸易和从事贸易活动的商人是阿兹特克帝国生存和发展的一大支援。

四、宗教与传说

宗教在阿兹特克人生活中占有重要地位，居民相信灵魂永存，并相信存在至高无上的主宰。他们崇拜自然神，主神威济洛波特利被视为太阳神。阿兹特克人信奉以太阳神威济洛波特利为主的多神，这是他们世界观的核心。他们深信他们仰仗太阳神的护佑战胜了巨大的苦难，创建了辉煌的业绩。但每天日落西山时，他们也为太阳的命运担忧：太阳能在夜晚战胜敌人吗？明天太阳还会升起吗？阿兹特克人相信人血是太阳的唯一癖好，于是在祭祀时人血就成为不可缺少的祭品，尤以战败的武士的血最为珍贵。威济洛波特利被确定为主神是在特诺奇蒂特兰建立以后，在此之前，他代表狩猎。

雨神特拉洛克

阿兹特克人崇拜的其他的神主要有：创造神特洛克－纳瓦克、雨神特拉洛克、玉米神希洛内、羽蛇神克查尔科阿特尔、“双头神”奥梅特库特利及其妻子奥梅奇华特尔等。国王被看成神的化身，祭神时以战俘为祭品。其特异习俗之一是以活人为祭品，每年有数千人被用来祭神灵，武士以献身祭坛为荣。

五、科技

阿兹特克人没有铁制的工具，也没有青铜的工具，他们靠骨制工具、木制工具和石制工具来制造日常生活和劳动所需要的物件和创造艺术品。他们使用的石头是黑曜石——一种天然生成的火山玻璃，还有燧石——一种坚硬的黑岩石。他们用这两种石料制成刀片、磨具和钻孔器，来创造大型的石刻和小型的复杂而精细的雕塑。

阿兹特克人使用的计数法是二十进制，因为手指头和脚指头加起来一共是 20。这一方法普遍应用在他们的日常记账、交易买卖和税收登记方面。这些表明阿兹特克人具有很高的数学水平，拥有一套精确的计算方法。他们用“点”表示从 1 到 19 的数字，大于 19 的数字用“点”和符号来表示，特殊符号表示数字 20、400 和 8000。阿兹特克人用旗子代表“20”，羽毛代表“400”，香囊代表“8000”。用这种计数法，数字 867 就用纵向标的七个点（7）、三面旗子（60）和两根羽毛（400×2=800）来表示。

阿兹特克人还根据日月运行的规律和季节性的变化，相当精确地制定了自己的历法。一共有两种历法：一种是“太阳历”，把一年分成 18 个月，365 天；一个月 20 天，剩余的 5 天，闰年（每四年一个闰年）加一天。第二种是“月亮历”，一年为 13 个月，260 天；一个月也是 20 天。每 52 年两种历法重合一次。阿兹特克人的这两种历法在许多方面都有重要的作用：首先在农业方面，确定农耕季节，指导农业生产活动；其次在纪年方面，用于记录历史的发展和历史事件的发生；再次在祭祀方面，可以确定举行祭祀仪式的日期，指导人们的宗教节日活动；最后在天文方面，可以记录天体运行规律和天文现象。阿兹特克人对天体的运行有一定程度的了解，他们不但测算出了日食和月食发生的时间，而且还记录下了水星、土星、金星等一些肉眼可以观察到的行星的运动周期和轨迹。

阿兹特克人对植物特别有研究，还建造了植物园，对各种植物的生长过程进行观察，对它们的特性和用途进行研究、分类，并分别应用于医疗、手工业生产、食品制作等方面。帝国境内有四大著名植物园，分别设在特诺奇蒂特兰、伊斯塔帕拉潘、特斯科科和瓦斯特佩克四座城池。许多植物园集中研究药用植物，一些植物园还附设诊所治疗疾病。在药用植物普遍应用的基础上，各部落均设有一所医院，为平民治病。此外，还有一些专科医院。

医学方面，他们知道利用各种草药治病，并已使用土法麻醉。

阿兹特克人的陶器和绘画均极精致，建筑和艺术也达到相当高的水平。建筑方面，阿兹特克人是优秀的建筑师。首府特诺奇蒂特兰是一座岛城，有 3 条宽达 10 米的石堤与湖外陆地相通，石堤每隔一定距离就留一横渠，渠上架设吊桥，可随时收放，以防外敌入侵。城内建有宫殿、神庙、官邸、学校，建筑宏伟，最大一座金字塔台庙的规模甚至可与古埃及的媲美。为了满足城市稠密人口对粮食的需要，他们在湖泊中建造了独特的“水上园地”，以扩大种植面积。岛城四面环水，市内河道纵横，景色优美，殖民者为之倾倒，惊呼为“世界花园”。但科尔特斯把这座城市烧成了废墟，后来的墨西哥城就建在这一废墟上。特诺奇蒂特兰的公共建筑物多以白石砌成，十分宏丽壮观。一般房屋的周围，在固定在水面的木排上种植花草，形成水上田园。城中心的主庙基部长 100 米、宽 90 米，四周有雉堞围墙环绕，塔顶建有供奉主神威济洛波特利和雨神特拉洛克的神殿，其祭坛周围有蛇头石雕，坛下发现的重达 10 吨的大石上，刻有被肢解的月亮女神图案，1790 年在墨西哥城中心广场发现的“第五太阳历石”直径近 4 米，重约 120 吨，刻有阿兹特克宗教传说中创世以来四个时代的图像，代表了阿兹特克人石雕艺术的水平。

太阳历石

太阳历石是阿兹特克人独特的创造，它被雕刻在一座巨石上，很像一个圆盘，直径 3.6 米，重 24 吨，是阿兹特克人奉献给太阳神的一块纪念碑，它于 1521 年被装饰在神殿的墙上。西班牙人破坏了神殿，而太阳历石却奇迹般地留存了下来。在西班牙殖民时期，这块石盘有一段时期被埋在墨西哥市的大广场地下，1790 年再度被发现后，收藏于博物馆。

这块太阳历石又名阿兹特克的历法，名称之由来是中央的托纳提乌（即太阳神），其周围围刻有阿兹特克的历法及与宇宙论相关的图画文字和符号。

阿兹特克的太阳历石

这些符号代表了阿兹特克人的宇宙观与世界观，它们完整地表现在这块圆形石盘上。因此，这块太阳石盘就成为阿兹特克文化的象征。

阿兹特克人相信，自上帝创世以来，曾经历过四个太阳，但这四个太阳相继被风、虎、水、火所毁灭，最后，只有第五个太阳（即托纳提乌）成为胜利者，并且一直运行着。石盘中央的太阳，就是第五个太阳；上下左右分别刻有前述的四个太阳的二十天图像。第五个太阳的周围所刻出的是太阳的光芒、宝石和鲜花等，表达对新的太阳的礼赞。

六、文化艺术

阿兹特克文明在发展过程中，吸收了托尔特克文明和玛雅文明的许多成就，但自己也有独创。其文字仍属图画文字，但已含有象形文字成分。天文历法方面，使用太阳历与圣年历，已知一年为365天，每逢闰年补加一天。阿兹特克人的陶器和绘画均极精致，建筑和艺术也达到相当高的水平。阿兹特克人还发明了tlachtli（或称ollamaliztli，一种球类运动）。这种运动使用一种实心橡胶球，运动员使用臀、膝盖和肘击球，把球送入一个石环内视作获胜。这种运动也被视为来源于宗教神话。

城中心的主庙基部长100米、宽90米，四周有雉堞围墙环绕，塔顶建有供奉主神兼太阳神威济洛波特利和雨神特拉洛克（Tlaloc）的神殿，其祭坛周围有蛇头石雕。

墨西哥城大庙遗址

在墨西哥首都墨西哥城的中心宪法广场（又称索卡洛广场）东北方，离广场约200米的塞米纳里奥街和危地马拉街的街角上，有一处举世闻名的特奥卡里大神庙的遗址，即大庙，它是阿兹特克文化最有价值的文物宝库。在14至16世纪的特诺奇蒂特兰城，大庙是最重要的一座建筑，因为它是举行最重大的政治和宗教仪式的地方。然而，阿兹特克时代的这一辉煌建筑现已不复存在。现在我们看到的只是它的遗址：一些断壁垣残和零星的石阶、石雕之类的。大庙遗址是墨西哥民族拥有的极其珍贵的文化遗产。它的发现是当代墨西哥考古学取得的最重大的成就之一。

月亮女神（科约尔豪基）

1978年2月21日深夜，电力公司的工人在墨西哥城市中心索卡洛广场附近施工时，在地下发现一块上面刻有浮雕的巨石。工人赶紧报告有关部门。考古学家闻讯后立即赶到现场，开始精心发掘，终于把它挖了出来。原来这是一块直径三米多的圆形石雕，上面刻着一尊女神像。经专家鉴定，这就是阿兹特克人神话中战神的姐姐月亮女神。专家认为，既然发掘出了女神像，史书上记载的大庙应该就在这一带。

当时的墨西哥总统波蒂略对这一重大考古发现非常重视，下令拨专款进行大庙的发掘工作。发掘工作历时4年半之久，取得了丰硕成果。共发掘和修复珍贵文物7000多件，使阿兹特克时代这一重要建筑的遗址重见天日。为了系统地介绍大庙遗址及其发掘过程，有关部门特意在遗址旁边修建了博物馆，陈列发掘出来的珍贵文物。

大庙最早建于1330年至1340年。为防止水涝，大庙不断扩建升高，在原先的庙宇基础上，重建更大的庙宇。大庙庙上有庙，共重叠有七层。每层庙宇都有雨神特拉洛克的祭坛。整座大庙呈金字塔形，建筑的底部几乎呈正方形，它的边长有80米，最高点距地有30米。大庙西面，有两座并列的阶梯，从其中任何一座都可攀上一座有 113 级阶梯的陡峭台阶，然后从那儿就可以到达大庙的最高点。在大庙的最高点建有两座神龛，一座供奉着战神威济洛波特利，另一座供奉着寸神特拉洛克。大庙的神殿前面，是一块面积为 440 平方米的空地，在此处举行过许多次宗教仪式。整个大庙除了一些供品柜以外，都是实心的。这种不建内室的方案简化了整个大庙的设计和建筑。阿兹特克的工程师极具创新精神，他们在砖石建筑和石像雕刻方面达到了惊人的精确。没有有效的金属切割工具，他们就用更坚硬的石头做成工具进行切割，并用绳子、水和沙子对材料进行锯磨。当时墨西哥还没有四轮工具，也没有驮畜，阿兹特克人用人力和小船来运送建筑材料。至于大庙的颜色，和其他阿兹特克的庙宇一样，都被涂上了明亮的颜色。

对大庙最深的挖掘到达了大庙二代的建筑，在它上方是幸存下来的双神龛的墙基，大庙二代的建筑可以追溯到特诺奇蒂特兰城显赫王朝建立的初期。为了向世人昭示王朝经由神权授予的统治权，人们在原先脆弱的大庙一代上又砌上了一层巨石并粉刷上灰泥。当时特诺奇蒂特兰城还得向另一个城市进贡，后来特诺奇蒂特兰城的人们在约 1431 年打败了那个城市的人，各地转而向特诺奇蒂特兰城进贡。从那以后，特诺奇蒂特兰城的势力越来越大，开始命令各属地进贡木材、石料、石灰和劳动力，以表达他们对特诺奇蒂特兰城和诸神的敬意。为了纪念这一意义重大的事件，当时的统治者对大庙进行了第二次扩建，结果形成了大庙三代的建筑。15 世纪 50 年代，特诺奇蒂特兰城遭遇水灾和饥荒，统治者免除了属地的进贡义务，并打开粮仓赈灾。作为对统治者慷慨解救的报答，各属地纷纷帮助修建宫殿和庙宇。约在 1454 年后建成的大庙四代，可能就是这些公共工程的产物。大庙发掘出的最引人注目的祭品之一，是一组几乎与真人一样大小的掌旗官的雕像。它们斜靠在大庙三代台阶上，被大庙四代的填料泥浆和石块覆盖。第四代大庙的建筑指的是大庙西面的修筑部分，还包括科约儿哈乌基雕像。第五代大庙的建筑建于 15 世纪 80 年代早期，其遗址难寻。第六代大庙可能建于 1487 年，它的落成仪式上共有 8 万人作为祭品死于塔顶的祭坛上。

史书记载，大庙是一座金字塔形的神庙，是为供奉和祭祀雨神和战神而建的。考古学家发现，从 14 世纪到 16 世纪，大庙曾经多次扩建，每次扩建都把上一次所建覆盖，结果形成了重叠的 7 层，每一层都建有战神和雨神的祭坛。这可能是由于每一位新的统治者上台后都认为自己有责任重建大庙，而且要建得比原来的更大。最后一次建成的大庙高达 45 米，这在当时是相当宏伟的建筑了。

然而，16 世纪西班牙殖民主义者攻占特诺奇蒂特兰城后，拆毁了大庙，用大庙的石块等材料在索卡洛广场上建了一座大教堂。这座教堂现在也成了墨西哥城的名胜古迹之一。

今天，被“整旧如旧”地精心保护起来的大庙遗址默默地迎接着来自墨西哥各地及世界各国的宾客。置身于断垣残壁和破损不全的石阶、石雕之间，四周的氛围显得凝重、深邃，悲壮、凄美，充满神秘感和历史的沧桑感。

墨西哥城大庙遗址

阿兹特克帝国留给后人的遗产是丰富的。阿兹特克的帝国被毁灭了，但它的文明并未被消灭。玉米在全世界各地扎根，特诺奇蒂特兰在人们的脑海里仍是一座辉煌的古城，像其他的美洲印第安文明一样，它们仍然在人类的历史长河中显示着力量。阿兹特克文明及其他美洲的印第安文明经久不衰。

第四章　灿烂的印加文明

2016年11月21日，习近平主席访问秘鲁，并在秘鲁国会发表演讲，他高度评价印加文明："秘鲁是世界文明古国、印加文明发源地。印加文明博大精深、灿烂夺目，是人类文明史上一颗璀璨的明珠。马丘比丘宏伟建筑、纳斯卡地画令人神往，制陶、冶金、纺织工艺先进，文学、音乐、舞蹈脍炙人口，医药、天文、历法技艺精湛，至今依然闪烁着人类智慧的光芒。"[1]

在古代南美洲安第斯山脉及太平洋沿岸一带形成的文明，被通称为"安第斯文明"。据考古学家的研究，安第斯地区是美洲最早出现农业的地区，时间大约在公元前8000年。到公元前3000年，沿海地区的居民已定居下来。到公元前2000年末，中安第斯山区已出现一系列古代文化中心。在公元前1000年中后期，发达的农业文化已经形成，奠定了印加文明（又译"印卡文明"）的基础，并出现了阶级和国家的最早形式，这标志着文明开始形成。10世纪后半叶以后，中安第斯山区出现了各种文化相互渗透和兼并的局面，导致一些原有文化衰落和消失，并在此基础上形成了印加人统一中安第斯山区前的各种文化基础。

在那里延续时间长达3000年的文明是蒂亚瓦纳科文明（公元前

[1]《同舟共济、扬帆远航，共创中拉关系美好未来——习近平主席在秘鲁国会的演讲》（二〇一六年十一月二十一日，利马），《人民日报》2016年11月23日02版。

1580—1187 年），出现较早的文明是查文文明（公元前 900 年—公元前 200 年），其后兴起的有帕拉卡斯文明（公元前 700 年—200 年）、纳斯卡文明（公元前 500—200 年）、莫奇卡文明（100 年—700 年）和奇穆文明（900 年—1470 年）等，最后形成印加文明（1200 年—1533 年）。本章重点介绍蒂亚瓦纳科文明和印加文明。

一、查文文明

查文文明以查文·德万塔尔遗址为中心和代表，故名。其流传于今秘鲁高原和沿海大部分地区。关于其起源有高原说和东部热带雨林说等不同观点。一般认为，查文文明的扩展是宗教和文化传播的作用而不是政治军事的作用。查文文明的特征，建筑方面是层级式金字塔、中间有凹陷的仪式院落。雕刻、绘画、纺织、金属加工等表现的主题是宗教性的，多为猫科动物特征的人和动物，图案抽象概括，线条繁复但结构排列有致。陶器有镫形提梁嘴罐、壁面垂直的杯等类型，装饰技法有模压、刻、印等。查文人用骆马毛和羊驼毛发展了纺织业，他们率先使用天然染料，纺织花布，用手捻线，使用一种独特的织机织布。

二、帕拉卡斯文明

帕拉卡斯文明是今秘鲁南部沿海帕拉卡斯半岛、纳斯卡谷地、伊卡谷地和阿里卡谷地的古代文明。现在学界对于帕拉卡斯文明的了解，主要是根据对秘鲁南部地区伊卡附近一座帕拉卡斯墓地所做的研究。根据发现的墓葬类型，分为两期。第一期称为“帕拉卡斯洞穴墓”，墓式为造在岩石间的竖穴墓，深约 7 米，有梯道直通墓室，墓室呈圆形，每个墓室都有三四十具木乃伊，木乃伊用九层织物包裹，周围安放着许多陶器。由于气候异常干燥，尸体就自然变成木乃伊保存了下来。第二期称为“帕拉卡斯陵园墓”，墓式为埋于沙地之下的方形墓。墓内的木乃伊身上裹的织物相当精美，原料为骆马毛、羊驼毛和棉花等，图案以刺绣法绣成，多表现动植物、人物和幻想中的生物，图形繁复，色彩丰富，在一块织物上使用的颜色多达二十多种，而且色泽至今艳丽如初，令人叹为奇观。

三、纳斯卡文明和纳斯卡线条

纳斯卡人是艺术家、工艺师，他们生产出了高度抛光、精致的陶器，他们用羊驼和驼马的毛和棉布编织出了复杂和精美的图案。纳斯卡人还在荒漠上创造出令人惊叹的地画——纳斯卡线条。这些地画很大，只有从空中才能窥其全貌。专家们所发现的大部分的线条和图形，都分布在秘鲁南部一块完整土地上，北由英吉尼奥河开始，南至纳斯卡河，面积达几百平方千米。1926 年，美国学者保罗·科索科在秘鲁南部纳斯卡地区研究古代灌溉系统时发现了纳斯卡线条，这些线条散布在几百平方千米的干燥的沙质地表上。

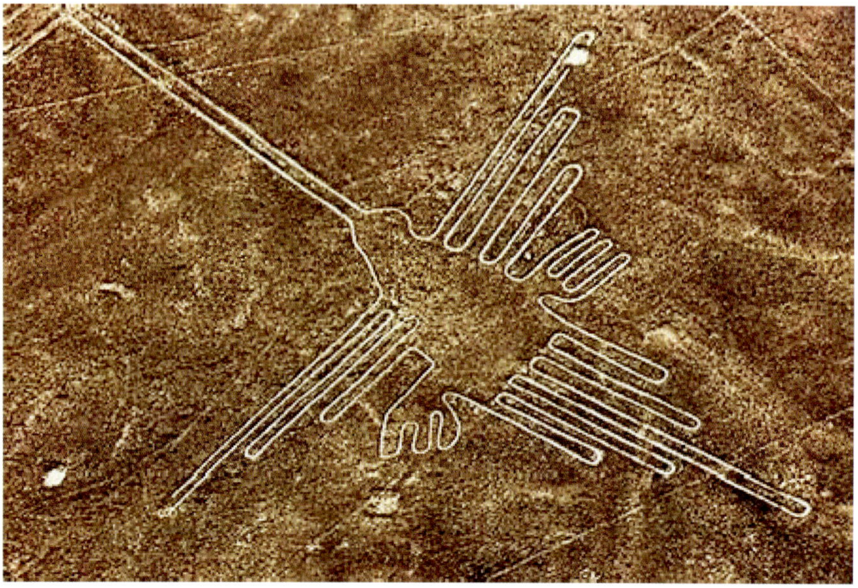

纳斯卡线条

由于这些图案巨大，只能在 300 米以上的高空才能看到全貌。一般人在处于地面的水平角度上，只能见到一条条不规则的坑纹，根本无法得知这些线条的全貌。这些图案是将地面褐色岩层的表面刮去数厘米，从而露出下面的浅色岩层，所形成的坑道线条，每条线的平均宽度为 40 至 210 厘米，长 50 至 300 米。所以由这些长度不一的线条所组成的图案，其面积大小也有所不同，例如，其中的一幅动物图案就长达200米。科索科的发现，震惊了全世界的考古学家。考古学家们陆续来到纳斯卡高原，他们不仅发现了更多的直线条和弧线图案，在沙漠地面上和相邻的山坡上，还惊奇地发现了巨大的动物形体，这使得那些图案变得更加扑朔迷离：一只46米长的细腰蜘蛛，一只大约300米长的蜂鸟，一只108米长的卷尾猴，一只188米长的蜥蜴，一只122米长的兀鹫，一个巨大的蜡烛台在俯视着大地。至今，考古学家们发现了成千上万这样的线条，它们有些绵延8000米，还有数十幅图形，包括18只鸟。这些动物图案中，只有兀鹫这种动物是当地的土产，其他动物如亚马孙河蜘蛛、猴子、鲸鱼等，似乎与寸草不生的荒漠格格不入。有些图案描绘得十分精致，如蜘蛛图案中位于右脚末端的生殖器官。

专家们对镶嵌在线条上的陶器碎片做详细研究后，证实纳斯卡线条已存在2000多年。他们推测这些图案是分为两个阶段完成的，当中最晚的也至少拥有1400多年历史。这些巨型图案能够保存千年而没有遭受到大自然的破坏，其实是和纳斯卡平原的气候有关。

纳斯卡平原是一个气候干旱而贫瘠的高原，由于遍布高原的碎石，将阳光的热能吸收及保留，从而散发出一股温暖的空气，在空中形成一个具有保护作用的屏障，使吹到高原上的风不像在平地那般强劲。

纳斯卡在利马以南约400千米， 位于秘鲁海岸干旱的草原上，占地约450平方千米。 这些线条图大约刻于公元前500年到200年之间，就其数量、自然状态、大小以及连续性来说， 它们是考古学中最难解开的谜团之一。有些线条图描述了活着的动物、植物，想象的形象，还有数千米长的几何图形。关于纳斯卡线条的用途，说法不一。有的人认为是古纳斯卡人分配水源的标志，不同的图案是不同家族的族徽；有的人认为是纳斯卡人绘制的图像历书和向天上神明祈求风调雨顺的画符，或用于与天文学有关的宗教仪式中。

1983年，一支意大利的考古队在纳斯卡地区发现了大量的陶器，这些陶器上都装饰有一些动物图案，而这些图案在荒漠上又以更大的规模重复出现。这些相同的图案使人们相信神秘的线条是古纳斯卡人所为。根据纳斯卡制陶风格的不同，考古学家们把纳斯卡文明分为5个时期。考古学家在线条所处的地

层里找到了那些陶器。由于处于同一地层，因此可以判断纳斯卡线条的年代与陶器的年代是非常接近的。直至2018年，秘鲁考古学家还利用无人机和卫星发现了50条纳斯卡线条。

纳斯卡平原上最常见的是黄沙和黏土，上面铺着一层薄薄的火山岩和砾石，长期的风吹日晒使它们发黑变暗。在这些所谓天然黑板上画线条，不过就是古纳斯卡人刮去几厘米的岩石层，让下面苍白的泥土显露出来。如果是在另外一种气候条件下，也许剧烈的外界侵蚀会在数月内磨蚀掉这些线条，但纳斯卡是地球上最干燥的地区之一，再加上那里几乎没有强风，因此风蚀也微乎其微。寸草不生的纳斯卡高原是如此贫瘠，如此与世隔绝，这些都为纳斯卡线条保留至今提供了条件。

四、莫奇卡文明

莫奇卡文明是今秘鲁北部沿海地区的古代文明，分布范围广大，中心在莫奇河、奇卡马河和比鲁河流域；农业比较发达，建有梯田和灌溉水渠网。形成早期统一国家，对外进行军事征服。主要遗址有莫奇河谷地的太阳金字塔和月亮金字塔，内佩尼亚和谷地的帕尼亚马卡金字塔以及奇卡马河谷地的莫科略佩金字塔等。这些金字塔均用土砖垒砌而成，下有基坛。在奇卡马河谷地有阿斯科佩灌溉水渠网，长100多千米。陶器以镫形陶罐为主，还有牵牛花形的盆、浅碗、瓶等。还有一些陶器塑造成各种人物、动植物像或房屋、船只、家具等形状，劳动、生产、宗教仪式等场景。其绘画和雕刻真实地反映了当时的政治、经济、社会、宗教和生活的情况。莫奇卡人还擅长金属冶炼和加工，制造首饰、工具和武器等。

五、奇穆文明

奇穆是今秘鲁北部沿海地区的古代国家，以莫奇河谷的昌昌为都城。奇穆13世纪时对外进行军事征服，将势力范围扩张北到通贝斯，南到奇永河的广大沿海地区。相传先后有10位国王在位，最后一个国王明昌萨曼于1460年至1470年同印加人作战失败，1476年为印加帝国所兼并。其文化继承莫奇卡文化传统，并受到蒂亚瓦纳科文化的影响。建筑规模宏大，以昌昌城为代表，建有巨大的金字塔神庙、城堡、城墙和水渠，还筑有大道将各个被征服的谷地连接起来。昌昌是南美洲古代最大的城市，建筑师们将城市规划成 10 大方形区，每片方形区有住房、作坊、仓库、花园和蓄水池。陶器以黑色居多，除传统的镫形陶器外，还有其他许多类型。纺织技术有所提高，使用各色羽毛织成几何图案。其最突出的是金属加工，运用熔炼和锻造技艺，制造金、银、铜和青铜制品，有武器、胸挡、首饰、工具、日用品等。崇拜的对象主要有太阳、月亮、海和风等。

第一节 蒂亚瓦纳科文明

一、地理位置

蒂亚瓦纳科文明是南美洲的古印第安文明之一，被认为是印加文明的先驱，因其首府蒂亚瓦纳科的遗址而得名。蒂亚瓦纳科文明地区包括今玻利维亚和秘鲁以及厄瓜多尔南部、智利和阿根廷北部。

蒂亚瓦纳科古城位于离世界上海拔最高的淡水湖的的喀喀湖东南 17 千米的玻利维亚境内，离行政首都拉巴斯市以西约 72 千米处。的的喀喀湖湖面海拔 3821 米，横跨玻利维亚和秘鲁两国边境。蒂亚瓦纳科城海拔 3840 米，略高于我国拉萨市（3650 米）。2000 年，蒂瓦纳科古城遗址被列入《世界文化遗产名录》。古城西北角的一座巨石拱门，即“太阳门”，是当时印第安人的圣地。

二、简史

蒂亚瓦纳科文明延续近 3000 年。考古学家卡洛斯·庞塞·圣吉内斯认为，该文明起源于公元前 1580 年，终结于 1187 年。其中心是在玻利维亚海拔 3840 米的高原地带，以及玻利维亚和秘鲁沿的的喀喀湖的其他地区。蒂亚瓦纳科起初是一个小城镇，后逐渐扩大，占地面积从约 5 平方千米扩大至 25 平方千米，人口从 1 万增加到 4 万。

蒂亚瓦纳科文明分为 4 个时期：第一时期公元前 1580 年—133 年为乡村时期；第二时期 133 年—374 年是早期城镇时期；第三时期 374 年—900 年是古典时期；第四时期 900 年—1200 年是帝国时期。

蒂亚瓦纳科在 1100 年以后崩溃，很可能是由于环境的变化，其赖以生存的的的喀喀湖湖水退却，人们因此不得不弃城；或者由于外来入侵者的入侵。

1553 年，西班牙人侵占了这块地方。西班牙人入侵时，蒂亚瓦纳科早已荒废了 200—300 年。但遗址中的断壁颓垣，巨型的石雕像、石碑，绵延的石墙和散落在各处的巨石，能使人想象得出当年这块宗教圣地的繁荣景象。

早在 16 世纪，就有一批寻找“黄金国”的西班牙人到过这里。他们当时所看到的蒂亚瓦纳科已经只剩一片荒凉的断垣残壁。这些西班牙人从住在附近地区的印第安人口中得知，比他们早 100 多年来到这里的印加人所看到的蒂亚瓦纳科古城就已经是一座残石颓墙的废城了。

100 多年来，为了揭开蒂亚瓦纳科废城之谜，考古学家们做了大量工作。美国考古学家温德尔·贝内特在 20 世纪 30 年代曾经根据发掘结果提出过自己的看法，认为蒂亚瓦纳科文明经历了 3 个不同的时期，可分别称为早期、古典期和衰落期。在 20 世纪 50 年代，玻利维亚考古学家卡洛斯·蓬斯·桑切斯又率领考古队进行了大规模发掘工作，结果发现蒂亚瓦纳科废城底下共有 5 座古城遗址，它们一城叠着一城。所以，桑切斯认为，蒂亚瓦纳科城经历了 5 个历史时期。

蒂亚瓦纳科文明地区

太阳门

本书作者摄于2008年

三、经济生活

蒂亚瓦纳科文明的特点是金属加工业比较发达，金、银、铜及青铜制品精美。蒂亚瓦纳科文明上承查文文明，下启印加文明，在南美古印第安文明中起承上启下的作用。考古学家在古城遗址周围挖掘出一些遗骸和大量的手工艺品，如陶器、铜器、银器和黑曜岩雕刻，陶器上描绘着代表蒂亚瓦纳科的神物美洲豹的图案。此外，还发现有羊驼毛织品。据估计，在鼎盛时期，曾有 4 万人口居住于此。有考古学家认为，蒂亚瓦纳科古城中心和城周围的沟渠是为仪式庆典服务的，而不是用于战争中的进攻防御。在雨季，这些沟渠还起到了将雨水分流到城中其他下水道的作用。也有人认为，这些人工开发的沟渠用于灌溉农田和养鱼。蒂亚瓦纳科人一直统治着南部河谷，在 400 年—500 年间，他们控制了的的喀喀湖的西部和北部地区，也把他们的货物和耕种方式带到了这些新的地方。在这段时间内，蒂亚瓦纳科人和周围地区贸易往来频繁，载满货物的羊驼队穿梭在各城镇之间，整个经济网络覆盖了安第斯南部的大部分地区。

在长达千年的时间里，蒂亚瓦纳科一直是安第斯地区最大、最重要的城市。蒂亚瓦纳科在印第安艾马拉语中的意思是“创世中心”或“中央之石”。蒂亚瓦纳科遗址曾是蒂亚瓦纳科文化的宗教、政治中心。从残存的废墟石块中可以看出，蒂瓦纳科曾经是一座相当坚固的方城，四面有着高不可攀的城墙，每座城门都用一整块重达几十吨甚至数百吨的大石雕凿而成。考古学家还在巨石的缝隙中发现了一些小金属钉，其作用是固定石头。据推测，这些金属钉是把金属熔化后再倒入凿出来的石头模子中制成的。

蒂亚瓦纳科古城遗址

四、主要遗址

蒂亚瓦纳科遗址主要由四部分组成：

（一）大卡拉萨萨亚神庙

作为蒂亚瓦纳科人举行宗教仪式的场所，神庙遗址是一个长 128 米、宽 118 米的大平台，用几吨乃至几十吨巨石砌成的台基和庙墙至今依然存在。一面长方形的石墙将神庙和其他建筑物隔开。庙内耸立着丰富多彩的石雕、石碑，其中最大的石雕人像高 2.4 米，重约 4 吨。在神庙周围有一组建筑群，建筑平面均为正方形。

（二）阿卡帕纳金字塔

阿卡帕纳金字塔是蒂亚瓦纳科人举行宗教仪式的场所，是遗址中最大的建筑，塔底平面呈长方形，长 180 米，宽 140 米。塔身是借助于一个小山丘，外层砌上石块而建成的，塔顶上有几处不同形式的建筑遗迹。还有一个类似地下蓄水池的建筑。金字塔不仅建筑雄伟壮观，在塔身的石板、石块中还有许多精美的人形石雕神像。阿卡帕那金字塔的地基是由一块块经过完美切割的石头严丝合缝地垒砌起来的。它是蒂亚瓦纳科的标志性建筑。

阿卡帕纳金字塔

（三）太阳门

太阳门是遗址中最著名的古迹。太阳门用整块重约 10 吨的巨石雕成，高 3.048 米，长宽 3.96 米，门洞高 1.95 米，厚 0.91 米。太阳门门框的上下左右均布满了轮廓清晰、刀法劲健的石雕神像和各种花纹图案。太阳门上端正中部分有一座维拉科查太阳神像的浮雕，太阳门上的雕饰最集中地反映了蒂亚瓦纳科文化的艺术特色。太阳门门楣中央雕刻有一个人形浅浮雕，人形神像的头部放射出许多道光线，双手各持着护杖，在其两旁平列 3 排 48 个较小的、生动逼真的形象，其中上下两排是面对神像的带有翅膀的勇士，中间一排是人格化的飞禽。太阳门在发现时已残碎，1908 年经过整修，恢复旧观。据说每年 9 月 21 日黎明的第一缕曙光总是准确无误地射入门中央，这体现了印第安人丰富的天文知识。

五、的的喀喀湖与蒂亚瓦纳科文明

的的喀喀湖是蒂亚瓦纳科文明的发祥地。的的喀喀湖湖岸周围和湖泊中岛屿上众多的历史遗迹表明，这里曾经孕育了南美洲最早的文明——蒂亚瓦纳科文明。现存的蒂亚瓦纳科遗址距离的的喀喀湖较远，但是在历史上，蒂亚瓦纳科城就建立在的的喀喀湖的湖岸线上，在历史遗存中我们还能见到灌溉工程的遗迹。的的喀喀湖周围的湖岸盛产蒲草，当地的居民用蒲草制成浮岛，漂浮在的的喀喀湖中，在浮岛上可以建房屋、基础设施，当地居民也利用浮岛进行小型贸易活动，其中一种蒲草还可以用来制作船只，不过这种船只用一年就坏了，只好废弃。

蒂亚瓦纳科出土的陶器

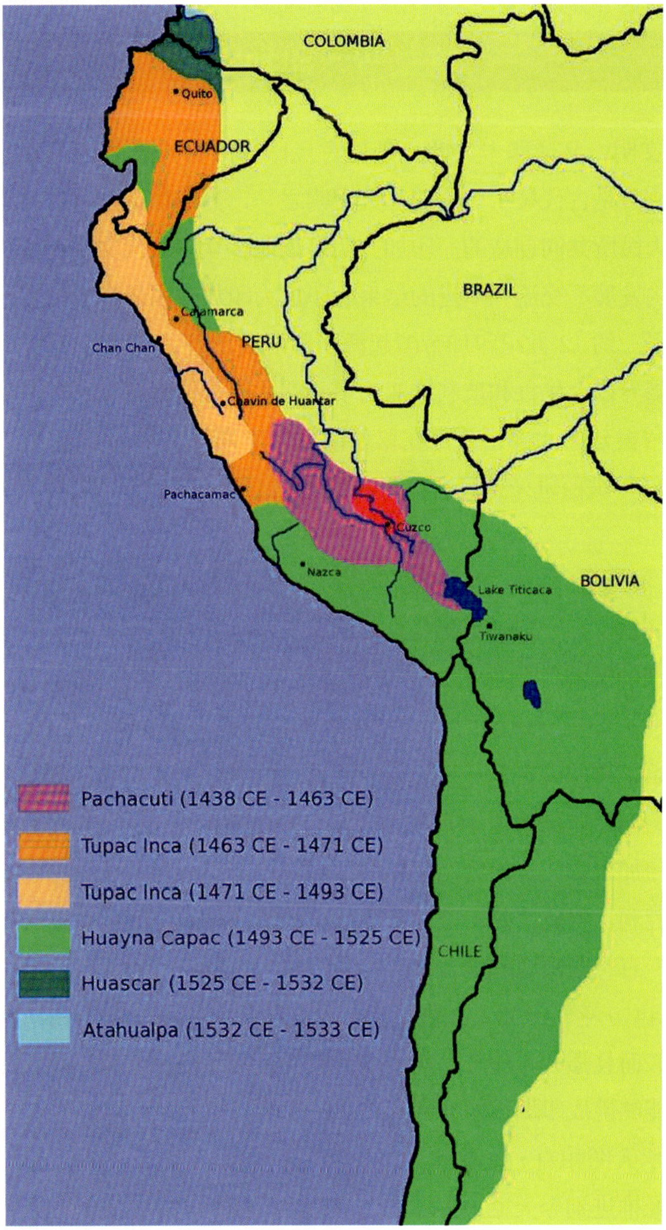
COLOMBIA
Quito
ECUADOR
BRAZIL
Chan Chan
PERU
Pachacamac
Cuzco
Nazca
Lake Titicaca
BOLIVIA
Tiwanaku
CHILE
Pachacuti (1438 CE - 1463 CE)
Tupac Inca (1463 CE - 1471 CE)
Tupac Inca (1471 CE - 1493 CE)
Huayna Capac (1493 CE - 1525 CE)
Huascar (1525 CE - 1532 CE)
Atahualpa (1532 CE - 1533 CE)

印加帝国版图

第二节　印加文明

印加文明，又译印卡文明，是以古代印加人为代表的南美洲安第斯地区的古代文明，是古代拉丁美洲的三大文明之一，为印加帝国时期安第斯地区印第安各族人民所共同创造的。印加文明是该地区众多古代文明在长达数千年的历史时期内发展、交流和演进的结果。印加为印加帝国最高统治者的尊号，意为太阳之子。约 12 世纪印加帝国起源于库斯科山谷，15 世纪起势力强盛，极盛时期的疆界以今秘鲁和玻利维亚为中心，北抵哥伦比亚和厄瓜多尔，南达智利中部和阿根廷西北部，首都在秘鲁南部的库斯科。16 世纪初由于内乱日趋衰落，1533 年被西班牙殖民者灭亡，但印加王朝仍持续至 1572 年。

一、简史

印加（Inca），意即“太阳之子”，是安第斯地区讲克丘亚语的印第安人对他们首领的尊称。13 世纪，印加部落在秘鲁的库斯科谷地附近定居，15 世纪初崛起成为安第斯地区的强国。在帕查库特克（1438 年—1471 年）的统治之下，开始了印加历史上非凡的领土扩张。根据西班牙人的记载，在帕查库特克的统治期内，印加获得了它全盛时期 2/3 的领土。所获得的这些扩张的领土部分只是印加军队征服计划的附属品，征服战争不断地通过粉碎邻国的顽强抵抗而取得胜利。但是，并不是所有帝国扩张所获得的土地都是直接通过军事行动获得的，有一些领地的加入来自帝国的和平建议。

大约 1470 年，印加人战胜了位于现在秘鲁北部海岸的奇穆王国，该王国不仅富有，而且强大。随着这次主要征服战役的胜利，南美洲剩下的小国中几乎再没有能够挑战印加帝国的国家存在，印加帝国的扩张遍及南美洲。在印加的王位继承人图帕克·尤潘基（1471 年—1493 年）继承王位之前，印加帝国的边界已经推进到今天厄瓜多尔的北部边界。图帕克·尤潘基在位期间，又征服了秘鲁的南部海岸(1476 年）、智利的北部、阿根廷西北部的大部分地区以及玻利维亚高原的一部分。

在西班牙入侵之前的最后几年，印加帝国仍然在北部进行着扩张。到15世纪末16世纪初，瓦伊纳·卡帕克（1493年—1527年）在位时，印加帝国处于鼎盛时期，其疆域北至今厄瓜多尔和哥伦比亚南部，南达智利和阿根廷北部，南北长4800千米，东西最宽处500千米，总面积达90多万平方千米，人口约1000万，成为古代拉丁美洲最大的一个印第安国家。1527年瓦伊纳·卡帕克之死使印加帝国陷入了内战，因为印加帝国并没有制定明确的继承法规。因此，一直和父亲在北部生活的阿塔瓦尔帕声称瓦伊纳·卡帕克已经决定把帝国重新划分，并在基多建立了一个新的北部首都，这个国家由阿塔瓦尔帕统治。阿塔瓦尔帕在库斯科的兄弟瓦斯卡尔则声称他才是整个帝国的合法统治者。阿塔瓦尔帕和瓦斯卡尔在库斯科附近的基派潘平原展开最后决战，阿塔瓦尔帕取得了这场血腥战役的胜利。

在阿塔瓦尔帕去库斯科准备统治整个帝国的路上，西班牙征服者弗朗西斯科·比萨罗（1476年—1541年）也到达了印加帝国。比萨罗和他的150个士兵进入卡哈马尔卡，阿塔瓦尔帕和他的军队正在此地扎营。1532年11月16日，阿塔瓦尔帕在卡哈马尔卡接待比萨罗率领的殖民军。比萨罗邀请阿塔瓦尔帕共同进餐。阿塔瓦尔帕不仅接受了邀请，而且声称他的随从将不带武器。当他到达的时候，一个神父企图劝他皈依天主教，阿塔瓦尔帕说他只尊重太阳神和他的祖先，他把神父递给他的《圣经》扔在地上。阿塔瓦尔帕中计被擒，他答应以一屋黄金赎身，但西班牙殖民者恐遭不测，在得到大量黄金珍宝后，于1533年8月29日将他绞死，并将3000多名印加士兵和随从全部杀害。印加帝国宣告灭亡。

从曼科·卡帕克起，到阿塔瓦尔帕被杀害，印加帝国大约经历了整整3个世纪的发展过程，其间共传12世、13个国王。但印加人的后代仍在不断地进行着抵抗运动，1536年曼科·卡帕克二世发动反对西班牙人的起义，1537年被镇压。图帕克·阿马鲁一世（约1544年—1572年）在哥哥蒂图·库西于1571年去世之后，在库斯科以北比尔卡班巴领导起义军继续抗击西班牙殖民者。1572年，秘鲁总督托莱多的一名使臣遇害，西班牙殖民者乘机向比尔卡班巴大举进攻，图帕克·阿马鲁被捕，并被押送到库斯科，同年9月被处死。

图帕克·阿马鲁一世之死宣告了印加古国的灭亡，后来安第斯山高原地区印第安人起义领袖常常采用“图帕克·阿马鲁”的名字作为争取解放和独立的旗帜。

图帕克·阿马鲁二世起义

“图帕克·阿马鲁”在印第安人盖丘阿语中意即“闪光的蛇”，象征着勇敢和智慧。后来图帕克·阿马鲁一世外孙的一个后裔自称图帕克·阿马鲁二世（1738 年—1781 年），成为拉丁美洲民族解放运动的先驱和秘鲁民族英雄。图帕克·阿马鲁二世，原名何塞·加夫列尔·孔多尔坎基，出生于秘鲁廷塔省苏里马纳村一个印第安人家庭，父亲是家乡附近潘帕尔卡、通加苏卡与苏里马纳 3 个村的酋长，母亲为图帕克·阿马鲁一世后裔。10 岁时被送往库斯科的圣弗朗西斯科·德博哈耶稣教会学校学习。在校期间，他聪慧好学，博览群书，学会了拉丁文和西班牙文。读印加·加西拉索·德拉维加所著《印加王室述评》一书使他深受感动，引起了他对印加古国的向往，毕业后回到故乡。26 岁时他继任了酋长职务。孔多尔坎基担任酋长以后，热爱人民，深切同情印第安人同胞的悲惨遭遇，在他的职权范围内，想方设法减轻人民的负担。他经常解囊周济他管辖下的鳏寡孤独者，并代替贫困的村民缴纳贡赋，因而得到当地人民的爱戴和拥护。西班牙殖民当局怀疑他有反叛之心，一度撤销了他的酋长职务。后来，他正式袭用其先祖、末代印加王图帕克·阿马鲁一世的名字，自称图帕克·阿马鲁二世，以表明追他随祖先的事业，恢复印加帝国的决心。

1780 年 11 月 4 日，他袭击了廷塔省省督安东尼奥·阿里亚加，并将他俘虏。11 月 10 日，他在苏卡村召集群众大会，当场处死阿里亚加，正式宣布起义。他发布了《解放奴隶诏书》，宣布解放处于殖民社会最底层的黑人奴隶。他号召印第安人、黑人、混血种人和土生白人团结起来，为消灭西班牙殖民者而并肩战斗，并提出“打倒坏政府”的口号，起义人数很快扩大到 6 万。库斯科城殖民当局闻讯后慌忙调集殖民军前往镇压，被起义军在加拉拉镇一举击溃。起义军的声威随之大振。在“不独立、毋宁死”的战斗口号鼓舞下，起义大军所向披靡，解放了秘鲁南部以及今玻利维亚、阿根廷和智利的部分土地，一次又一次地击溃了西班牙殖民军的疯狂反扑。

阿塔瓦尔帕

弗朗西斯科·比萨罗

印加人抵抗西班牙殖民者入侵

图帕克·阿马鲁二世率起义军南下，向秘鲁高原和的的喀喀湖一带挺进。大军穿过拉拉亚，攻入拉姆湖，直指阿赞加罗。起义军所到之处，成千上万的印第安人挣脱殖民统治的枷锁，积极参加起义军，投入战斗。在很短的时间内，起义军便在秘鲁的50个省中控制了24个省，人数发展到9万。在征战中，图帕克·阿马鲁二世愤怒抨击封建大庄园制，宣布“将实行新的土地分配制度，分给农民以足够谋生的土地”。他还宣布废除“米达”徭役制和纺织工场中使用童工的制度，取消人头税和一切苛捐杂税，决心把秘鲁从殖民者暴政下解放出来，从而建立一个统一、平等的印第安人的国家。他建立了5人内阁，委任了法官和省督吏，并实行新的税收制度，开始履行政府机构的职能。

图帕克·阿马鲁二世的起义使西班牙殖民当局感到震惊，他们迅速调集大军，分别从利马和布宜诺斯艾利斯出发，向起义军发动攻势，并高价悬赏阿马鲁二世的头颅。1780年12月底，图帕克·阿马鲁二世率领起义军6万人围攻印加首都库斯科古城。殖民当局利用印第安部族间的矛盾，煽动当地部分印第安酋长率其部众协同城内防军对抗起义者。因情况变化，图帕克·阿马鲁二世估计难以取胜，遂决定放弃强攻该城的计划，于1781年1月10日乘夜间黑暗撤围，向南方实行战略转移。西班牙秘鲁总视察官何塞·安东尼奥·德阿雷切和巴列元帅获悉后，立即统率1.5万人殖民军分五路跟踪追击。3月21日，图帕克·阿马鲁二世率万余起义军，在殖民军必经的一个峡谷里设下埋伏，准备歼灭这股敌人。由于叛徒告密，这次伏击失利，殖民军不仅逃脱了被围歼的命运，而且摸清了起义军的主力所在。

随后，在4月6日的切卡库佩战斗中，起义军被强敌打败。图帕克·阿马鲁二世被迫突围，然后向南方转移，但在途中又被叛徒出卖而被俘。西班牙殖民统治者立即组织对图帕克·阿马鲁二世的审讯。当审问他谁是这次起义的同谋者时，他斩钉截铁地回答：“唯一的同谋者就是你和我，你是因为压迫人民，我是因为要把人民从这种暴政下解放出来。”恼羞成怒的殖民者决定尽快处死图帕克·阿马鲁二世。1781年5月18日，图帕克·阿马鲁二世被押解到库斯科中央广场，四马分尸。就义之时，成千上万的印第安人不顾殖民军的镇压，长跪于街头向领袖致敬诀别，表示对英雄的敬仰和哀悼。图帕克·阿马鲁二世牺牲之时年仅 43 岁。

图帕克·阿马鲁二世领导的这次起义虽然只坚持了半年多，但他为秘鲁人民争取民族独立的革命斗争开辟了道路，标志着拉美民族独立战争时代的开始。图帕克·阿马鲁二世为拉丁美洲民族解放运动而抛头颅、洒热血的献身精神，他反抗殖民统治的思想，教育和鼓舞了一代又一代的革命家和印第安人民为自由和正义而斗争。1980 年 11 月 10 日，在纪念图帕克·阿马鲁二世起义 200 周年的大会上，秘鲁总统庄严地发布命令，授予图帕克·阿马鲁二世以“秘鲁解放先驱、贤哲和烈士”的光荣称号，同时在库斯科广场上竖立起图帕克·阿马鲁二世的骑马塑像。

图帕克·阿马鲁二世的塑像

二、国家组织和社会

印加帝国享有“美洲的罗马”之称，它以有一套完整的国家体系而闻名于世。印加王被称为太阳之子、神的化身，拥有至高无上的权力，独揽国家一切政治、军事和宗教大权。为了维护自己的统治，印加王建立了以中央集权为中心的政治制度。他以库斯科为中心，通过各级官吏，牢牢地控制着全国。除了政权机构外，印加奴隶主还拥有一支20万人的训练有素的常备军队，用其对外扩张，对内镇压反叛力量。印加帝国还建立了严厉的司法制度，用来维护奴隶主阶级的利益。为了巩固自己的统治，印加王还采取了一些文化和经济措施。例如，对于那些刚被征服的地区强行推广克丘亚语。再者，在全国大兴道路建设和设立驿站。印加帝国以库斯科为中心，修建了条条道路通都城的交通网，以利于对边远地区的控制。

印加古国正式的名称为“塔万廷苏约”，意为四方之地，首都是库斯科。全国按方位分为四大行政区，名叫“苏约”，它们是：西北方位叫钦查苏约，包括厄瓜多尔、秘鲁北部和中部；西南方位叫库蒂苏约，包括秘鲁南部和智利北部；东北方位叫安蒂苏约，包括东部森林和乌卡亚利河一带；东南方位叫科亚苏约，面积最大，包括现今玻利维亚大部分国土，阿根廷西北山区和半个智利。印加王是塔万廷苏约的最高统治者，西班牙殖民者到来后，简单地以“印加”一词指称这个国家及其居民。印加王下面有贵族、祭司充任各级军政、宗教职务，形成了严密的行政体系和统治机构。印加王继承王位时，他要和他的最大的叫作科娅的姐妹结婚，而他们所生的第一个儿子将会是下一届印加王。印加王可以有很多的妻子，但是能够继承王位的那个孩子只能是他和他的姐妹生下的孩子。

印加社会的基层结构是“艾柳”，相当于氏族公社。土地被分为太阳田、印加田和公社田，公社成员先要耕种供祭祀和王室使用的太阳田、印加田，最后才能耕种公社的土地。公社田分配给每个家庭耕作。在劳动组织方面，帝国设立一种称作“米塔制”的劳役制度，轮流征调壮年男子去建造公共和宗教工程。还有一种从事特殊差役的“亚纳科纳”，相当于奴隶或半奴隶。

但印加帝国在它的统治者的绝对统治之下并没有保持统一性。它是一个复杂的混合体，由数十个不同的政治集团、种族，甚至是操不同方言的部族所组成。为了维持帝国的统一，印加王所做的努力是在帝国内使用统一的组织和管理模式，但是，这个方案一直到1533年都还远没有完成，而且管理模式在帝国的一个部分和另一个部分之间大为不同。在帝国的某些地方，来自库斯科的印加领袖人物能直接统治当地居民；在帝国的其他地方，帝国的领导方案则从未实行过，取而代之的是间接统治的盛行。当涉及对边远地区的统治的时候，无疑军事威胁总是重要角色。

印加帝国的一个独特之处在于它有能力驱使人们离开家园，开拓新的帝国疆域。这种国内殖民的习俗使得印加统治者能够把一些忠于帝国的部族安置在帝国难以统治的一些地方。这种迁移也带有一定的经济目的，人民能够重新定居，在新的地方开发新的土地、新的矿山或者其他资源。

对印加人来说，政治和经济并不是截然分开的。在印加帝国的统治时期，市场的作用非常有限，许多产品的交换都是通过政治的渠道完成的。交换的产品被看作礼物，交换很多时候是出自喜欢的目的，产品纯粹的经济价值还要依赖于产品或服务所涉及的人的社会和政治地位。统治者们通过提供奢华的产品和精美的娱乐，并将之作为礼物来保持他们的威信。人们对统治者礼物的回报就是劳动，这样的劳动构成了印加帝国的税收。此外，定期的男性人口普查是和劳役联系在一起的。

印加王一个最大的作用在于他能够有效地动员和组织帝国劳动力加入军队进行征战，或者进入官员阶层，或者作为统治者阶层的侍从。他更为宏伟和长远的作用是设计和执行一些旨在增加作物、矿产等的产量和改良资源管理的建设性方案。印加人所使用的大部分技术都来自对几世纪前的那些创新的改进，印加人在这些现存的技术中融入了他们自己的组织技能，因此建造出了一系列非凡的公共工程。

印加帝国形成了较为完整的金字塔式的权力运行结构。在金字塔的顶端是印加王和他的妻子，他的妻子同时也是他的姐妹。印加王掌控着等级化的官员组织，最高级的管理阶层常常是家族式的印加成员，接下来是高等祭司和军队统领，随后是四大行政区“苏约”的主要官员。法官、军事首领和主要官员构成特权阶层，在他们之下是基层的地方官员，在基层的地方官员之下是专门的手工艺者，金字塔的底层则是农民和渔人等其他平民，最底层是奴隶。

有一些女孩子被选出成为圣女，而大部分的男孩子则会参军。如果进入学校，孩子们则被教授印第安语、印加语、法律、宗教、作战技术以及如何读写的知识。

（一）法律

印加帝国的社会结构和行政体制比较严谨，因此它不需要很多法规。印加帝国主要的法规是：不懒惰、不说谎、不偷盗、不谋杀、不通奸。这些法规的实施十分严厉，而且社会地位高的人犯罪受到的惩罚比平民要严厉。印加人是比较守法的民族，偷窃等现象很少发生，而且整个国家没有监狱。对印加人来说，最坏的罪行是谋杀、诬蔑印加人和亵渎神灵罪，犯这些罪的人通常被处以死刑。执行死刑的主要方法是把这些罪犯从悬崖上扔下去，让他们在岩石上被撞得粉身碎骨。很少有罪犯被用割掉手足或剜出眼睛进行惩罚。

（二）婚姻和习俗

印加帝国的婚姻和习俗别具特色。婚姻首先受到血统的限制。印加社会不同等级之间的通婚，一般只对男性开放。一个贵族的男子可以娶平民的女儿，但贵族的女子不能嫁给平民的男子。贵族实行一夫多妻制，一个贵族男子往往可以拥有众多的妻妾。平民则实行一夫一妻制。婚姻受到地域的限制，男子必须在自己所属的社区内选择配偶，不允许不同村社之间相互通婚。婚姻还要征得父母同意。此外，印加人的婚礼是典型的集体婚礼，其规模之大世界上少有。每隔一年或两年，在一个特定的日子，印加王在库斯科城为自己家族中的青年男女主持婚礼。除王族婚礼外，同一天，也举行非王族婚礼，主持人一般是当地的首领。印加男子一般在 25 岁左右结婚，女子的婚龄在 16—20 岁之间。印加人不兴离婚和分居，婚姻终身不变。丈夫如果赶走妻子，得把她找回家。如果再犯，这位丈夫就要被当众受罚。如果第三次赶走妻子，这位丈夫要受棒刑处死或被抛下悬崖摔死。

在印加帝国，一个广泛流传的丧葬风俗是当他们的头领死后，要把死者最珍视的财产以及他最喜爱的妇人作为殉葬品一起埋葬。印加人相信灵魂不朽，因此，当印加王或其亲属死后，要建造宏伟的陵墓，陵墓中常有死者和他的财产、女人及其侍从，还有大量的食物和酒、武器及装饰品。印加人相信，他们死后还能在一起享受食物，并一起饮酒作乐。

（三）经济生活

印加古国的经济基础是农业，国家将土地分为三部分：一部分是“太阳田”，用来供养太阳神和神庙的祭司；另一部分是“印加田”，用来供养国王和王室成员；第三部分是“村社田”，用来供养村民。所有的土地均由农民来耕种，他们首先耕种太阳田，再耕种印加田，最后耕种自己的田地。帝国内实行劳役制，25至50岁的男子均需服劳役。公共工程的兴建通过轮流抽调壮劳力的米塔制劳役形式来完成。

印加人已有比较发达的农业。他们在山高谷深、气候干燥的安第斯山区修建了庞大的梯田系统和引水工程，这些用石板砌成的水渠有的长达百余千米。他们将羊驼粪和鸟粪作为肥料，种植粮食及其他作物，培育了玉米、甘薯、马铃薯、木薯、印卡小麦（基诺亚谷，又称昆诺阿藜）、棉花、菜豆、菠萝、葫芦、南瓜、番茄、花生、辣椒以及烟草、古柯等。印加人亦驯养骆马和羊驼，作为驮载工具，并提供纺织用毛。大部分的家庭在高山的斜坡上开辟出梯田。

印加人生活在自然条件相当严酷的安第斯山地区，他们为了生存战天斗地，不仅解决了自己的吃饭问题，而且在农业方面取得了巨大的成就，将不少野生物种培育成高产的农作物。他们培育的植物种类达到100多种，为人类做出了贡献。他们在山顶种植耐寒的马铃薯和谷物，在山腰种植豆子和玉米，在山脚下他们种植水果和胡椒。通过仔细照管庄稼，他们能够从帝国所有不同的气候带收获谷物。

印加人的农耕工具是一种叫作“塔克利亚”的木镢，这是这个民族的重要发明。塔克利亚木镢是一根长约1.8米的木棍，一端安装一个金属或硬木质地的弯曲尖头，离开尖头约30厘米处，与木棍成直角装一横突，翻地时用脚踩踏横突，用身体重量加大动作力度，使木棍前端插入泥土，然后将尖头在地里旋转一下再拔出来。使用这个木镢可以掘深土地。

印加人通过建立灌溉系统和梯田增加了农产品的产量。他们把陡峭的斜

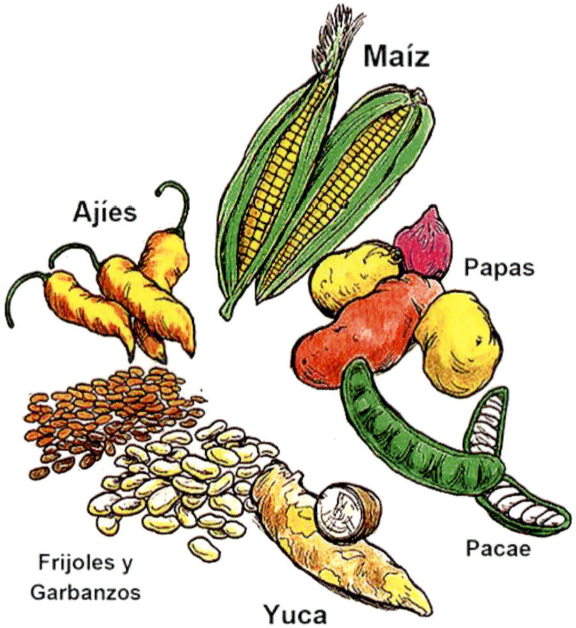

印加的人主要农作物

塔克利亚木镢

坡夷为平地，并改造为梯田，使可耕地面积大大增加，最突出的例子是位于库斯科附近的乌鲁班巴梯田。他们在温暖、干燥的山谷的梯田里修建了灌溉系统，这里出产的玉米及用玉米酿制的酒成为印加帝国举行的某些庆典上的奢侈品。玉米和其他一些粮食作物产量的增加使印加帝国的剩余劳动力不断增加，于是出现了一些工匠。

印加人储藏食物的技术十分高明，能够在高山气候带来的频繁歉收中保持稳定的食物供给。他们把甘薯、马铃薯等薯类和蔬菜进行脱水加工，成为“丘纽”；利用高原寒冷、干燥的条件把肉加工成肉干查尔基，这种肉干能够在高原环境中长期保存而不腐烂。

（一）畜牧业

印加人在高山上畜养骆马和羊驼。骆马和羊驼可作为运输工具，其一身都是宝：毛可以织布，肉可以食用，粪便可以用作肥料或燃料。

（二）纺织

印加的妇女几乎人人都会织布，一些男人也会织布。妇女们从小就学会把骆马毛、羊驼毛纺织成衣物。此外，单独用棉线或与骆马毛混合织布也很普遍。她们也收集了一些能够给骆马毛羊毛染色的植物，染过色后的骆马毛和羊驼毛被织成柔软的薄片。这些毛制品常常是条纹状的，大多数很简朴，也有些有很复杂的图案。手艺高超的织匠往往是男的，他们给最珍贵的小羊驼毛染上明亮的色彩，并编制成复杂的图案。

社会地位不同的印加人的服饰有所不同，但是服装的基本风格是相同的。男人们穿的简朴的束腰外衣仅仅到膝盖以上，外衣上罩着宽松的斗篷。至于鞋子，他们一般穿草鞋或者皮鞋。女人们穿着长及脚踝的裙子，裙子上常有编织的腰带。女人们常常戴着帽子，在她们编好的发辫中夹杂着折叠的布条。在高山地区，所有的衣料都是由羊驼毛制成的；在沿海地区，常用棉纺织物。

（三）工匠

在印加帝国时代，手艺人是很受人尊敬的。印加人还长于金属冶炼和加工，已能开采金、银、铜、锡等金属，生产工具和武器以及青铜制造。金、银、铜等制作的首饰和日用器皿也很精巧。印加人用青铜制造的刀、斧和镰，刃口都经高热锻制以使其更加坚韧。主要手工业部门除金属加工外，还有制陶、纺织等行业。陶器造型优美，纹饰绚丽。因为在印加时代并没有现代制陶工人所用的轮子，所以所有的陶制品都是用手工完成的。所有的黏土制品都被放在炉子里烧制，然后再取出着色。颜料的颜色主要有红色、紫色、奶油色和黑色四种。其他匠人，包括建造宫殿和太阳神庙的建筑工匠。木雕家也能雕刻出很特别的杯子。印加的彩陶继承莫奇卡文化的传统而又有自己的特点，常见的器形有双耳小口尖底瓶、敞口直筒杯、单柄浅碟、单柄小口壶等，造型优雅；图案有动物纹和几何纹，后者较常见，色彩绚丽。棉毛织品也很精美，织物中有时夹有金线或鲜艳的羽毛，图案丰富多彩。库斯科太阳神庙中的金制巨型太阳盘镶嵌有人面像，四周环以光芒，是印加人装饰艺术的杰作之一。在印加帝国时代，手艺人是很受人尊敬的。有一些专业的匠人能制作出很精美的物品，如金器匠和银器匠，他们只做祭祀用具和呈献给印加王的精巧绝伦的物品。

印加陶器

（四）交通

印加人修建了两条大道，一条称“海岸大道”，一条称“高原大道”，形成贯穿南北全境总长1.8万千米的道路网。在山峦起伏、沟壑纵横的安第斯山区，修筑这样的道路绝非易事。根据地形，道路有时盘旋曲折，有时需要开凿阶梯和隧道，有时又要架设桥梁。印加人尚不知道拱顶知识，他们的桥梁主要是吊桥。桥两端立上石柱，用5根粗达40厘米的藤条相连，3根铺成桥面。两边各有一根作栏杆。有的吊桥长达60余米。当时印加人并不用车辆，这些大道仅仅由步行者和驮着货物的骆马和羊驼使用。在许多地方，大堤穿过沼泽地，台阶沿着山路盘旋而上，各种类型的桥架在小河或溪流上面。这两条大道又连接着很多的支线，沿途建立管理和服务中心，在主要的道路上还建有驿站，可供旅行者落脚。

印加帝国还拥有一个能把国王的命令或信息快速传递到全国各地的信使恰斯基系统。信使们以接力的方式用最快的速度把信件一站一站地传递下去，直至目的地。

四通八达的交通网络，不仅方便了印加王室对全国的统治，而且也促进了各地区间的联系与文化交流。

四、宗教

（一）印加人的宗教信仰

印加人信奉自然神，将世间万物奉为神明。印加的大神是掌管自然力的太阳神印蒂（Inti）和月亮神玛玛·基莉亚，其他重要的神还有雷神和彩虹神以及其他神。印加国的主神是创造之神维拉科查，他是其他神灵和包括天、地、人类在内的万物的创造者，他在众神之上，是太阳神和月亮神的父母，他常常被想象为须发皆白的老人，印加人认为他是命运和无形世界的统治者。到印加文化的后期，印加人构造出一个完整的神话故事：创世神维拉科查在的的喀喀湖里创造出了世界和人，之后，他隐身湖中，留下了儿子万物之主帕恰卡马克。

印加帝国的宗教信仰是以太阳崇拜为中心的。印加人相信他们的君主是太阳神的后裔，并且将其当作神来崇拜。黄金作为太阳神的象征，被广泛开采，被统治者和杰出人物所青睐，黄金并不是用来交换，而是主要用作装饰或者在仪式中使用。

宗教渗透在整个印加帝国的政治体制之内。这种渗透可以假想成从位于库斯科中心的太阳神庙穿出的一些线，它们穿过神殿，并且围绕着由不同社会阶层构成的这个城市。印加的宗教仪式包括接受神谕、奉献祭品、神灵附体和公众忏悔。每年的宗教日由特别准确的印加历掌控着。在宗教仪式等其他一些方面，印加文化与阿兹特克文化和玛雅文明相似。

马丘比丘

在印加，最为广泛深入的宗教信仰是太阳神信仰。太阳神崇拜是印加的国教。印加人相信印加王（萨帕，Sapa）是太阳之子，印加王族是太阳神的后裔。到第九代印加王帕恰库蒂时，太阳信仰从简单的原始崇拜演变成为政教合一的统治工具。

印加王在库斯科建造太阳神庙，在太阳神庙里供奉的主神是太阳神印蒂，同时在太阳神庙中也供奉其他神。

在印加帝国后期，印加人还崇拜帕查卡马克神，“帕查”意即宇宙和世界，“卡马克”意即灵魂，“帕查卡马克”意即赋予世界和宇宙灵魂的神。

（二）印加人的宇宙观

印加人有其独特的时空交错的宇宙观。他们认为，背后的东西可以用来命名未来将要发生的事情，未来将要发生的事情都可以在背后的东西里找到踪影，未来将要发生的一切都取决于先祖的意志及后人对他们崇拜的程度。人生面对的尽头就是死亡，走到尽头就意味着回到先前，回归生命。因此，他们的时空观念不是直线性的，而是循环性的。他们认为，人不过是一颗种子，它发芽、开花、结果，生长的全过程就是为了回归大地。

五、科技与文化

印加人文化上的成就突出表现在雄伟的巨石建筑方面。在库斯科、萨克萨瓦曼、马丘比丘等地，用巨石建成的宫殿和城堡，石块之间结合紧密，刀片也难以插入，有的城堡建于陡峭山崖，高耸入云。为了治理这个幅员辽阔的国家，印加人修建了“海岸大道”和“高原大道”，形成贯穿南北全境总长 1.8 万公里的道路网，沿途设有驿站，供信使传达信息。另外，在冶炼浇铸、纺织制陶、天文历法、外科医术、文学音乐等多个领域，都取得了杰出的成就。印加人还创造了被称为“基普”的结绳记事法。

（一）结绳记事

结绳文字基普是印加人的一种记录方式，带结的绳子代表数字，甚至更复杂的意思。印加数字系统使用十进制。印加人为了精确描述他们仓库中的商品数量、国家人口和其他信息，常常要用几百条不同颜色的绳子来记录。

印加人没有文字的记载或者书籍存在，因此印加人的遗迹主要是绘画。其中的一些结绳文字已经被破译。有很长一段时间，印加人依靠代代相传的故事来记载历史。聪明的印加人记住那些故事，再由学者们把它们记录下来。

1908 年，德国学者理查德·皮茨曼在丹麦哥本哈根皇家图书馆里发现了书名为《新编年史和好的政府》的一本书，书中记载了印加人的历史和故事，这本书有1189页。作者是西班牙殖民者与印加王族的后裔费利佩·瓜曼·波马·德阿亚拉（1534年—1615年），该书是用西班牙语写的，并且配有400多幅作者自己画的栩栩如生的加注的插图，具有很高的历史价值。

结绳记事

基普

长期以来，科学家们就对古印加执政官以结绳记事为基础的信息交流系统感到困惑不已。科学家通过计算机对上百个系有不同的绳结的绳束进行分析，终于部分地揭开了这个谜团。神秘的绳结被印加人称为“基普”，是用棉线、骆马毛或羊驼毛线制成的。它是在一根主绳上串着上千根副绳，每根副绳上都结有一串令人眼花缭乱的绳结。在现已发现的600多个基普中，大多数都是公元前1400年—1500年间结成的，也有一部分只有1000年左右的历史。这些基普大多数是在墓穴中发现的。

在西班牙殖民政府的文件中，他们认为基普是用来记录和交流信息的某种密码。然而，这些密码记录了什么信息？怎样记录信息？对此，历代专家仍然困惑不已。哈佛大学的考古学家格里·乌尔顿和数学家凯利·布热利逐渐解开了这一谜团。他们将基普绳结的关键信息做成数据库，然后在这个数据库中搜寻1956年发现的21个基普绳结的共同点。结果发现了一个至关重要的数学联系——某些基普的副绳的绳结结合起来，正好和另一个更为复杂的基普上的数字相同。这表明，基普曾被用来收集印加帝国不同区域的信息，印加人将收集到的各区域的信息通过绳结的形式表现在基普上，并将这些数据汇总在一根主绳上，然后层层上递。这种交流可能曾被用在国家最重要的信息记录上，其中包括账目以及其他与人口、财政和军事相关的数据。但要完全破译基普是十分困难的，期待新的考古发现将带来更多的惊喜。

基普的绳结包含了历史事件、故事、习俗、宗教秘密、日常生活，甚至是诗歌。后来，由于西班牙传教士认为基普是异教之作，很危险，所以想方设法毁掉它们。

（二）建筑

印加建筑首先由于它卓越的工程技术和杰出的石工技术显示出高度的实用主义风格。印加设计的城市建立在一个被较小的街道分割开的宽阔林荫道上，而那些较小的街道最终又会聚于一个被建筑物和庙宇排列成的开放的广场上。印加王在重要的城镇上建造了很多的宫殿。这些宫殿占地面积很大，而且围绕着庭院有很多间房屋，其中接近印加王和皇后居住地的是皇家仆人的住所。宫殿中也有一些房屋是为来访者和其他部落的俘虏准备的。其他房屋则用来储存所需的物资。尽管在沿海的低地常用砖块和灰泥造房，但是印加房屋从结构上来说，常常是单层的，而且倾向于使用一些切好的石块完美地堆砌在一起构成。为了建造一些巨大的堡垒，例如，在库斯科附近的萨克萨瓦曼要塞，常用巨大的尺寸将极为精确的多边形石块拼接在一起构成。在山区，例如，坐落在安第斯山脉的壮观的马丘比丘城，这里的建筑常常表现出一种和周围环境相融合的独特的设计风格。

印加人善于根据实际的地形建造与之相配的建筑。这些建筑往往由切割整齐的石块建成，门口和壁龛向内会逐渐向上倾斜，大部分的屋顶也逐渐向上伸展以适应上升的山脉地势。印加建筑大部分都简朴且正式。印加人的巨石建筑水平非常高超，即使用极薄的刀片也难以插进其石缝之中。大部分的印加建筑是非常坚固的，它们甚至能够经受地震的考验。

印加建筑中最有代表性也最为壮观的建筑是巨石建筑，其中最为杰出的是库斯科的萨克萨瓦曼要塞和马丘比丘城堡。萨克萨瓦曼要塞是美洲印第安人最宏伟的军事工程之一，它位于库斯科城北的一座同名的小山上，它面向城市的一面相当陡峭，可以确保要塞后方的安全。萨克萨瓦曼意为“帝国猎鹰”。要塞从下到上共修建了三道护墙，沿着山坡逐渐升高，每一层墙高约 18 米，长达 540 米以上，这三道围墙呈半月形。

萨克萨瓦曼要塞

如此巨大的岩石建筑令人叹为观止。印加人不会使用铁器，也没有发明带轮子的交通工具，也不会制造吊车和滑轮之类的机械工具，他们完全靠人力切割山岩，也全凭人力用粗大的缆绳将巨石运到目的地。据说，参加修建这个要塞的人先后有 2 万人，共耗时 50 年。遗憾的是，这座庞大的要塞在军事上并没有起到应有的作用，它没能抵挡住西班牙殖民军的入侵。

（三）马丘比丘古城

按照印加历史学家以前的定论，1200 年，建立了以库斯科为首都的印加帝国。特别是在 1438 年第 9 代皇帝帕恰科奇登基后的百年间，建立起了北自哥伦比亚，南到智利的强大帝国。但是，1533 年，西班牙人比萨罗率领士兵攻下库斯科，生擒印加皇帝阿塔瓦尔帕，印加帝国瞬间就被消灭。自那以后的近400年间，人们几乎遗忘了印加帝国的存在。直到1911年7月24日，美国考古学家、耶鲁大学教授海勒姆·宾厄姆三世在库斯科市西北75千米处发现了巨大的山顶城市马丘比丘的遗迹，才重新唤起了人们对印加文明的关注。

马丘比丘遗址矗立在海拔2400多米的山脊上，全城面积约13万平方米，俯瞰着乌鲁班巴河谷，为热带丛林所包围，是世界新七大奇迹之一。马丘比丘在克丘亚语中意为“古老的山”或“失落的城市”，是保存完好的印加遗迹，成为印加帝国最为人所熟悉的标志。1983年，马丘比丘被联合国教科文组织定为世界遗产，是世界上为数不多的文化与自然双重遗产之一。

考古学家认为，马丘比丘是印加王帕查库蒂于1440年左右建立的，直到1532年西班牙征服秘鲁时都有人居住。有的考古学家认为，马丘比丘并非普通城市，而是印加贵族的乡间休养场所。也有人认为，马丘比丘是一个宗教场所，是印加人的一个祭祀中心。据估计，当时在马丘比丘居住的约有750人。马丘比丘古城分为农业区（为遗址外围层层梯田所形成）和城内的祭祀礼仪区、居住区和墓葬区，约有200座建筑和109个连接山坡和城市的石梯。城内规划井然，北部多为庄严的宫阙神殿，南部是作坊、居室和公共场所。印加人称自己为“太阳的子孙”，他们将太阳视为“燃烧的火鹰”，渴望用日晷“拴日石”将带来光明和温暖的太阳永远留在天上。“拴日石”在马丘比丘的最高处，它的南面坡下是11米宽、8米进深的石砌大庙。大庙南面偏东是三窗神庙，大庙对面是祭司们的住处。这三座建筑东面山坡下是大广场。这里是举行集会和庆典的地方。广场的南侧是印加王宫，王宫的南面是太阳神庙。古城内有关太阳崇拜的建筑也随处可见。印加人用来建神庙祭坛的巨石就有百吨重，另外还在山顶垒起了总重达数百吨的巨石，作为太阳的日晷。城内还有大量的水池，互相间由穿凿石头制成的沟渠和下水道联系，通往原先的灌溉系统。

（四）医学

在医药学方面，印加人的成就也令人惊叹。他们的外科手术，特别是穿颅术在当时居于世界先进行列。手术刀主要是一种“T”形铜刀，非常锋利。与外科手术相伴而生的麻醉术，印加人也是内行，并掌握开颅术等外科技术，能制作木乃伊。印加人已知道多种草药，如奎宁、可可等。

（五）天文、历法和数学

在首都库斯科，印加人在城东、城西建有四座天文观象台，中心广场另设一座。根据长期的观测，印加人测得地球运行周期是365天零6小时，并据此制定了太阳历。印加人还有一种历法是阴历，包括354天，是根据对月亮的观测结果制定的。与阿兹特克人和玛雅人不同，印加人的数学采用十进制。

（六）文化

印加人在音乐、文学方面也有很高的造诣。有人认为，印加音乐可与欧洲古代民歌相媲美，甚至更为高超。还有人认为，印加音乐具有亚洲古代音乐的水平和相似的表现手法。由于印加人没有完整的文字系统，文学多是口头传说和戏剧。其中最著名的有长诗《奥扬泰》，其在西班牙人到来前已广泛流传于中安第斯山区，诗中记述了帕查库蒂的手下大将奥扬泰爱上了印加王的女儿科伊约，并请求印加王赐婚，因出身低微，遭国王拒绝的故事。此诗在15世纪被西班牙传教士用克丘亚文字改写成剧本，1770年—1780年间被西班牙传教士用拉丁文记载下来，在世界古典文学名著中占有重要地位。

第三节　印加·加西拉索·德拉维加和《印加王室述评》

印加·加西拉索·德拉维加（1539年—1616年），其真名是戈梅斯·苏亚雷斯·德菲格罗亚，是秘鲁文学家、历史学家，生于印加帝国的首都库斯科城。其父亲是西班牙殖民军远征队的统领，母亲是印加帝国的公主。他从小受到印加文化的深刻影响。由于出身王室，他熟悉印加帝国的历史和民间传说，并受到良好的教育。1560年，他前往西班牙的塞维利亚，参加对摩尔人的战斗，升任上尉。后因遭受冷遇，退隐西班牙科尔多瓦的修道院，专心从事文学创作，他查看了大量历史档案和资料，撰写了经典作品《印加王室述评》。该书第一部于 1609 年在葡萄牙里斯本出版，副题为“叙述秘鲁诸王——印加人的起源，他们的信仰、法律，和平和战争时期的政府组织，生活和武功，以及西班牙人到来之前这个共和国家的所有一切”；第二部在作者逝世后一年（1617 年）出版，又名《秘鲁的历史，它的发现，西班牙人的得手，以及皮萨罗和阿尔马格罗为争夺土地而引起的内讧，暴君的兴起和他们所受到的惩罚，以及其他等等》，全面和详细地记述了西班牙人征服秘鲁后的多次内战。《印加王室述评》是一部具有很高文学价值的历史纪录文学，描绘了印加社会的风俗习惯和库斯科城的生活场景，是探索和了解印加文化发展历史和各方面情况的一部珍贵著作。印第安民族中流传的许多神话和传说，由于克丘亚语没有书面文字而大部分失传，而《印加王室述评》则记载了秘鲁古代不少文化史料和神话传说。

《印加王室述评》共有两部，第一部出版于 1609 年，第二部于 1617 年问世。全书共包括 9 卷，下分 262 章。《印加王室述评》属于纪事文学，它是抒情性的回忆录，其中灌注了作者强烈的感情。从纵向上看，它记述了印加帝国历史发展的脉络，从第一代印加王曼科·卡帕克的起源开始，记述了中间 12 代国王的更迭，一直讲到被西班牙人征服为止。作品饱含着作者对故国印加帝国的怀念与眷恋，有强烈的感情色彩。他这样描写印加人的劳动：“人们欢喜快乐地来到太阳神和印加国王的土地上，身上穿着节日盛装，头上装饰着五光十色的金、银和羽毛饰物；他们把劳动变成欢乐的节日……”在他的笔下，印加帝国已经理想化，成了“丰衣足食、生活安定、秩序井然”的理想国度。更重要的是，他将西班牙文化和印第安文化巧妙结合，从而站在一个新的高度来总结印加文化，创造出两种文化结合的杰作《印加王室述评》，从而为一种新的文化模式——美洲文化开了先河。《印加王室述评》也宣扬了宿命论思想，这同当时生产力低下、人类认识自然能力落后有着深刻的关系。

在《印加王室述评》的序言中，提到当时印加史的报道者，对于印加的重大历史事件，“都写得过于简略”。而印加·加西拉索·德拉维加本人感受到他带有印加王室的血统，因而“承担起撰写这部《印加王室述评》的重任”，务求令世人“清楚明白地看到西班牙人到达以前那个国家的一切情况”。

印加·加西拉索·德拉维加发现，当时研究印加的人士，对于印加本土语言的了解并不透彻，“因为他们是不懂印第安语的外来人，因此对它有许多误解”，这会不利于世人认识印加历史文化。所以便“想就许多印第安词汇为他们略尽评注、说明和翻译之劳”。

因在政治上失势，便潜心著述。印加·加西拉索·德拉维加在宫廷里遭到排挤，因而他在晚年时退隐到科尔多瓦，并在这里进行撰史工作。他对于这种转变是这样描述的：“我对于命运没有垂青于我并不感到遗憾，因为这种情况使我从事文学生涯，我相信，这将比一切世俗的荣华富贵更能使我获得广泛的和长远的声名。”

印加·加西拉索·德拉维加撰史的史料来源主要有三：一是从母亲及印加故老讲授；二是自己从小在秘鲁的耳闻目睹；三是引录在他之前其他西班牙人的有关印加史的著作。据美国学者普雷斯科特的观点，印加·加西拉索·德拉维加对于印加史料的搜集，可说是在年幼时已开始。由于印加·加西拉索·德拉维加在秘鲁库斯科长大，与身为印加王族的母亲居住，“年幼的加西拉索贪婪地倾听着那些叙述他的王室祖先的伟大和英武的故事，而且，尽管他当时没有用到这些故事，但他们深深地印在他的脑海中，储起来留做他日之用。及至印加·加西拉索·德拉维加动笔撰写《印加王室述评》时，才有机地搜集史料”。他写信给他那些出身印加贵族的老友和同学，搜集他在西班牙搜集不到的关于某些历史事件的进一步的材料。另外，印加·加西拉索·德拉维加又相当重视同时代的其他西班牙作家的著作，因他是在晚年著述的，是在这个故事已被卡斯提尔的作者们一再重述以后，自然在很多地方要采用别人的说法。

《印加王室述评》对于印加历史文化的研究提供了丰富的资料。从纵向上看，它从第一代印加王曼科·卡帕克开始记述，中间记述 12 代国王的更迭，一直讲到被西班牙人征服。从横向上看，它记述了古代秘鲁人的经济、政治和文化生活，其中包括土地制度、劳动制度、行政制度、法律法规、偶像崇拜和宗教信仰、祭礼仪典、风俗习惯、神话传说、教育和语言、艺术表现形式和各

《印加王家述评》原文版和中文版

印加·加西拉索·德拉维加

种物产。本书为印加文化发展史中的各个方面提供了丰富的第一手原始资料，是一部关于印卡文明的文献总集和资料宝库。而且《印加王室述评》的史料已是硕果仅存的史料，普雷斯科特说在该书里“可以发现有关于他的国家（印加帝国）的古代史的大量真实材料，这些材料是我们从任何欧洲作者所无法获得的”。但是，《印加王室述评》亦存在着一些缺点，普雷斯科特就指出印加·加西拉索·德拉维加有时不免夸张失实，他说：“由于这位印加历史学家的丰富的想象力，甚至处在黄金之地的这个王朝的巨大的物质财富也被夸大成了一片繁花似锦的神话世界。”由此可见，《印加王室述评》不是一部严格意义上的历史著作，而是一部纪实文学。

附　录

印加帝王列表

公元前 2000 年 —公元前 250 年	**古代拉美文明前古典时期**
公元前 2000 年 —公元前 1000 年	古代拉美文明前古典时期的早期
公元前 1200 年—公元前 100 年	奥尔梅克文明，位于今墨西哥韦拉克鲁斯州和塔巴斯科州，其突出的艺术成就是巨型人头石雕像
公元前 1000 年—公元 前 400 年	古代拉美文明前古典时期的中期
公元前 900 年—前 200 年	查文文明，位于秘鲁高原和沿海地区，特征是层级式金字塔
公元前 1000 年—250 年	玛雅文明早期，发展于墨西哥南部和东南部和中美洲地区，特征是石碑、金字塔和象形文字
公元前 700 年—200 年	帕拉卡斯文明，位于今秘鲁南部沿海地区，以木乃伊和织物著称
公元前 400 年—250 年	古代拉美文明前古典时期的晚期
公元前 500 年—200 年	纳斯卡文明，位于今秘鲁南部沿海纳斯卡谷地，以彩陶、精美织物和巨大地画“纳斯卡图案”著称
公元前 200 年—750 年	特奥蒂瓦坎文明，位于今墨西哥首都墨西哥城附近，主要成就是太阳金字塔和月亮金字塔
100 年 — 700 年	莫奇卡文明，位于今秘鲁北部沿海地区，以陶器和金属制品著称
250 年 — 900 年	**古代拉美文明古典时期**
250 年— 600 年	古代拉美文明古典时期的早期

续表

250 年—1200 年	玛雅文明中期，发展于今洪都拉斯西部与危地马拉交界处的科潘、今危地马拉的蒂卡尔和今墨西哥恰帕斯州的帕伦克、瓦哈卡州的蒙特阿尔班和尤卡坦半岛的奇钦·伊察。主要成就是：以金字塔为中心的城邦；精确的数学体系和天文历法系统，他们采用二十进法，在世界上最早使用“零”的概念；创造了象形文字；在壁画、雕刻、彩陶方面均达到很高的水平
300 年—1200 年	蒂亚瓦纳科文明，位于今玻利维亚西部的的喀喀湖南岸，主要遗址有太阳门、卡拉萨萨亚神庙和平台
600 年—800 年	古代拉美文明古典时期的中期
800 年—900 年	古代拉美文明古典时期的晚期
900 年—1500 年	古代拉美文明后古典时期
900 年—1200 年	古代拉美文明后古典时期的早期
950 年—1150 年	托尔特克文明，位于墨西哥城西北部图拉城，主要标志是金字塔上用巨型武士石雕像为支柱的羽蛇神庙
900 年—1470 年	奇穆文明，位于今秘鲁北部沿海地区，主要遗址是昌昌城
1200 年—1500 年	古代拉美文明后古典时期的晚期
1200 年—1500 年	玛雅文明晚期，发展在墨西哥尤卡坦半岛北部玛雅潘等城邦
1370 年	印加人在库斯科定居，建立印加帝国。印加文明分布于南美洲秘鲁、厄瓜多尔、玻利维亚广大地区。有发达的农业，培育了玉米、马铃薯等 40 多种作物，驯养骆马和羊驼。在山区修建了庞大的梯田系统和引水工程，突出成就表现在马丘比丘古城雄伟的巨石建筑。创造了被称为“基普”的结绳记事法
1400 年—1521 年	阿兹特克文明，位于今墨西哥中部和南部。有比较发达的农业，特产龙舌兰，其主要标志是大庙遗址和阿兹特克日历，即太阳石和月亮女神石雕
1533 年	印加王阿塔瓦尔帕被西班牙殖民者处死，印加帝国宣告灭亡
1535 年	阿兹特克王夸乌特莫克被西班牙殖民者处死

后　记

习近平主席指出："不同文明没有优劣之分，只有特色之别。要促进不同文明不同发展模式交流对话，在竞争比较中取长补短，在交流互鉴中共同发展，让文明交流互鉴成为增进各国人民友谊的桥梁、推动人类社会进步的动力、维护世界和平的纽带。"我们编写这套丛书的目的是为中国广大读者朋友了解世界其他国家和地区文明服务，为加深不同文明之间的交流和互鉴服务，为实现中华民族伟大复兴的中国梦、推动构建人类命运共同体服务。

倪培耕同志对丛书写作的总体思路、基本原则和内容构架等提出许多富有创见的新观点，负责撰写各分册的作者开展了高效和富有创造性的辛勤工作，曹启璋同志对本套丛书的出版给予了大力支持，刘雨同志对本套丛书进行了精心设计，在此致以最衷心的感谢。

由于时间、人力、物力及水平等多方面的限制，丛书在编辑的过程中，可能还会存在这样那样的问题，恳请读者朋友们谅解，并提出宝贵意见。

文明因交流而多彩，文明因互鉴而丰富，愿这套丛书对文明交流互鉴有所助益。

再次感谢所有关注、支持、帮助本套丛书出版工作的朋友和同志们！

编　者